Anna Engel

Chelsea

Gedichtband

Impressum

Bibliografsche Information der Deutschen Nationalbibliothek: Die Deutsche
Nationalbibliothek verzeichnet diese Publikation in der Deutschen Nationalbibliografe;
detaillierte bibliografsche Daten sind im Internet uber http://dnb.dnb.de abrufbar.

© 2023 Anna Engel

Herstellung und Verlag: BoD – Books on Demand, Norderstedt

ISBN: 9783757862237

Für niemanden außer für mich selbst.

Bilbo tot

Wo ist Bilbo; ich kann ihn nicht sehen
Sorry, tut mir leid, der musste schon gehen
Ein bisschen Perazin mit Benzos und Sekt
Und schon ist Das Anna für heute perfekt
Keiner trauert, wenn Kleinbilbo stirbt
Der Tag an dem aus Bilbo Das Anna wird
Ein bisschen Tavor und Vodka Montana
Und schon wird aus Kleinbilbo Das Anna
Sie hatten Bilbo gehasst; wollten ihn kleinkriegen
Pech, Das Anna werden sie lieben
Bilbo ist tot wirst Du sagen müssen
Ab sofort sollen sie Das Annas Hintern küssen

Schöne Grüße, Du kannst ihnen sagen
Bilbo ist tot, weil sie ihn umgebracht haben

Das Anna

Ich kenn' was das flennt
Nachts aufsteht und aufs Klo rennt
Frisst Du-Weißt-Schon-Was
Du-Weißt-Schon-Wo
Aber es ist schon süß so
Guck' mal im Hörsaal
Hast Du jetzt nicht gesagt
Und Das Anna sagt -
Nichts, Du Idiot
Es hat Redeverbot
Guck' auf den Tisch; was da steht
Was es schon wieder nicht verträgt
Und schau' mal, wie es sich am Ohr kratzt
Wart' nur, bis es bei Glatteis wieder hinlatzt
Duschen tut es nie
Aber schon süß irgendwie

Kein Ding

Ich heiße Anna und Dich willkommen
Dein Parfum hab' ich genommen
Kurz in Deinem Geruch geschwommen
Kein Ding der Welt kommt an Dich ran
Guck' Dir all die anderen an
Nichts kann Dir das Wasser reichen
Alle die anderen sollen weichen
Ich geh' für Dich auch über Leichen
Kein Ding an mir wird für Dich reichen
Nach Dir richten sich Weichen

Diss

Anna Engel pisst sich ein
Kein Reim der Welt fällt ihr mehr ein
Ruhe und Frieden wollen nicht sein
Sie wurde wohlwollend geboren
Doch hat sie ihren Zweck verloren
Zum Restposten zählt sie dazu
Tabletten schluckt sie weg im Nu
Doch ehe man sich im Wort verwähle
So sehr alt war ihre Seele
Man könnte sie auch dafür hassen
Denn unterkriegen hat sie sich lassen
So sehr krank ist sie geworden
Nur noch das Tote in ihr geborgen

Sie sagten: Leb' doch
Doch ich fühl' es nicht
Und ließ die Menschheit wohl im Stich
Für mich gibt's nichts zu produzieren
Alles was man kann verlieren

Zum Geburtstag

Manchmal sitz' ich hier
Und frag' mich, was ich mag
Weil ich durch ein Wortspiel sag'
Dass ich heut' Geburtstag hab'

Wenn man 24 Stunden lang
Text und Prosa feiern kann
Ehe ich Neues anfang'

Muss heut' nicht auf Sprache achten
Gern auch mal ein Wort verpachten

Heut' hab' ich Geburtstag
Und das schon den ganzen Tag
Und ich hab' beschlossen …

Gott der Unterwelt

Ich bin ein Gott der Unterwelt
Wehe da ist, was sich mir in den Weg stellt
Mein Zyklon bestimmt hier den Ton
Ich spreche Gebete in mein Megafon
Es ist Kunst mit oder ohne Abstraktion
Wehe jemand ist mir hier zu monoton
Mit Dreizack auf dem Pack
Geht ihr mir auf den Sack
Mein Trinkhorn kackt grad ab
Nur eines ist gewiss: ich bin ein Egoist
Den niemand mehr vergisst

Die Maske

Es ist nicht so, wie es scheint
Gestern Nacht hab' ich geweint
Niemand war mir eine Petze
Weil ich stets die Maske aufsetze
In Wahrheit bin ich links
Und allergisch gegen hetze
Von Rassismus krieg' ich Krätze
Dass ich mich eigentlich
Gern widersetze
Davor reinige ich Plätze
Du passt nicht wegen Deiner Sätze
Unter meinem Bett wahre Schätze

Tabu

Den Schuh des Tabu
Leg' ich ab im Nu
Teure und abstoßende
Besenreiser Ungeheuer
Wenn Du sie nicht brichst
Und nicht darüber sprichst
Wird's für Dich richtig teuer
Wenn Du nicht leugnest
Ist der Preis klein
Was immer es auch kostet
Einfach sich selbst zu sein

Ausgebüchst

Heute lass' ich's richtig krachen
Mir egal, ob Leute lachen
Ich will auch keinen Haushalt machen
Ich heirate auch nur zum Schein
Das Lernen lass' ich heute sein
Diesmal gibt's auch keinen Reim
Denn jetzt bin ich dran mit dem Schwein
Jetzt lass' ich es mal richtig knallen
Heut' lass' ich mich endlich fallen
Egal, ob sie mir gratulieren
Sie werden ohnehin verlieren
Ich werd' die Wunde nicht einschmieren
Zarte Narben werden zieren
Andere werden mir nicht taugen
Niemand wird mir jemals glauben
Heute bin ich ausgebüchst
Damit Du mich nochmal beglückst

Wir sind

Wir sind am zähsten
Wenn die nächsten
Wunden Grund sind
Um zu nähen
Wir sind die harten
Nicht aus Sparten
Und auch nicht im Club der zarten
Weil wir nicht bloß auf Glück warten
Wir sind die starken
Wenn wir Mut statt Wut
Jetzt in den Herzen haben

(In Anlehnung an Cruisen – Massive Töne)

Zum Nachsprechen

Jeder Mensch ist gleich viel Wert
Bildung ist mein stärkstes Schwert
Ich respektiere alles und jeden
Doch ich streiche die aus dem Leben
Die mir Negatives geben
Ich trage mit Würde auf meinen Wegen
Ich schätze, was mir in Händen gelegen
Die Dichterei ist mir ein Segen
Denn manche können nicht leicht erreichen
Bedingungen haben nicht alle die gleichen
Hass und Missgunst dürfen gern weichen
Du sollst nicht schnell urteilen
Die Wege mancher sind die Steilen

Es ist okay

Es ist okay, wenn ich nicht den Schlussstrich ziehe
Irgendwann bin ich bereit, setz' 'nen Punkt und fliehe
Es ist in Ordnung, wenn ich nicht alles genießen kann
Vielleicht kommt es nie, vielleicht auch irgendwann
Es ist okay, wenn sich nicht immer alles gleich reimt
Es ist in Ordnung; ich bin tiefer, als es mal scheint
Es ist okay, wenn ich mal Sinn vergesse
Es ist in Ordnung, wenn ich mal Süßes esse
Es ist okay, wenn ich nicht zu verzeihen vermag
Vielleicht kommt es in zwei Jahren an einem Tag
Es ist in Ordnung, wenn ich kein Vertrauen aufbaue
Es ist okay, wenn ich jedem Menschen misstraue

Dankbarkeit

Kaum zu glauben, doch ich werde Dir sagen
Mit Dankbarkeit hörst Du auf zu fragen
Dankbarkeit ist nicht mit Menschsein zu tragen
Wenn Eltern meinen, dass Du nicht Dankbar bist
Sagst Du: Ich reflektiere, wie es ist
Anderes läuft gegen meine Spur
Zu reflektieren ist meine Natur
Du brauchst nicht zu glauben, dass wir nur hassen
Weil wir an uns selbst auch kein gutes Haar lassen
Ich glaube, sie können noch gar nicht fassen:
Alle Menschen sind aus gleichen Klassen

Verzeihen

Vielleicht magst Du mir kurz Dein Ohr leihen
Man muss jedem Menschen viel verzeihen
Niemand fällt da aus den Reihen
Leben bedeutet Schuld auf sich nehmen
Jeder Mensch hat Schuld auf sich geladen
Jeder hat sein Bündel zu tragen
Bei manchen muss man ein Auge mehr zudrücken
Von meinen Werten will ich niemals abrücken
Sie log, dass sie glücklich sei
Und sein Herz so schwer wie Blei
Nein, von Schuld ist niemand frei
Man muss den Menschen auch viel belassen
Doch für viele Sachen muss man sie hassen
Ich schreibe dies hier, damit Du nicht vergisst
Dass verzeihen zwar gut, aber schnell toxisch ist
Das Leben ist Reifung ziemlich wahrlich
Doch manche Dinge verzeiht man nicht

Zu viel Anerkennung

Zu viel Anerkennung verdirbt den Menschen schlicht
Von perfekter Vollendung spreche ich nicht
Und ich brauch wohl nicht zu sagen
Dass Sie auch bei Sehr Gut zu denken haben
Ich mag's nicht, wenn Du Dich für wissend hältst
Wenn Du Dich gegen Neues stellst
Der Geist darf niemals sich zurücklehnen
Da sonst die Kräfte abhanden kämen
Wer beendet denn schon die Inkarnation
Mach ich's nicht zyklisch, hab' ich nichts davon
Von Philosophenglück such' ich Definition

Der Unterschied

Den Unterschied zwischen
Mitgefühl und Mitleid wirst Du verstehen
Du wirst Altruismus und Egoismus sehen
Du wirst genau unterscheiden können
Zwischen wenig Pause und zu viel gönnen
Ob hart trainiert oder angeboren
Der Unterschied geht nie verloren
Ob Vorgespielt oder echt gefühlt
Ob stoisch ruhig oder aufgewühlt
Ob junge Seele oder zum Hass verführt
Den Unterschied hast Du gespürt

Der Ratschlag

Gib' 'n Ratschlag
Schlag' auch mal 'n Rad
Weil ich irgendwo
Zwischen 10 und 100 wart'
Für manche wirke ich reif
Weil ich die Chance schnell ergreif'
Für manche wirke ich wie ein Kind
Wenn ich schnell hinterm Baum verschwind'
Ich zieh' mich leicht an Dingen hoch
Guck' mal, wie ich's mach'
Kein Wunder, dass ich erst Bücher schreib'
Und später wieder lach'
Einen, der mich ermutigt brauche ich auch noch
Doch tief in meinem Herzen klafft ein großes Loch

Die Psychogattin

Ich bin Deine Psychogattin
Und fahr' für Dich zur Stadt hin
Für Dich werd' ich zum Egomane
Von Dir will ich Trüffel mit Sahne
Ich bin die Königin von Marzahn
Mit meinem Stil lege ich hart an
Ein bisschen mehr Drama, Baby
Ein schönes Zimmer für die Lady
Ich bin Deine Ego-Queen
Und fahr' für Dich quer durch Berlin

Welttour

Sag' mal, willst Du Kinder haben
Mich brauchst Du da nicht zu fragen
Ich kann Dir dazu nichts sagen
Willst Du Dich nicht mal verlieben
Und zwei kleine Kinder kriegen
Jetzt tu' nicht so geheimnisvoll
Tief in Dir bist Du sicher toll
Aber ich weiß nicht, was ich sagen soll
Und überhaupt; ich schäm' mich voll
Leg' Deine Scham einfach ab
Ich weiß nicht, warum sie sich so hat
Honey, Du brauchst Dich doch nicht zu schämen
Ist doch egal, wenn Kameras kämen
Immer lächeln; bloß nicht schwächeln
Ich glaub, ich frag' Dich irgendwann
Ob ich die Tour durch Deine Welt kriegen kann

Die Heizung

Es war mal eine Heizung
Die war einfach eingebaut
Viele Liter Öl hatten sich angestaut
Mit seinem 50 Liter Tank
Von dem aus mein Zimmer trank
Keine Heizung macht mich krank
Und was krieg ich nun zum Dank
Ein großes Leck und alles stank
Ich steh' im Dunkeln und bräuchte Licht
Doch ich sehe: der Strom geht nicht
Energiefresser mit 50 Karat
Den ich mit Arschtritt in die Flucht schlag'

Haushalt

Ich brauche Zeit
Weil ich Haushalt koordiniere
Damit ich den Verstand nicht verliere
Das bisschen Haushalt macht sich von allein
Doch ohne Planung kann's kein Schwein
Das muss hier hin und das da dort
Damit er schön bleibt mein geheimer Ort
Nur ein Nachteil auf der Liste
Nachts knarrt und quietscht die gute Kiste
Und ein Apfel liegt faul in der Ecke
Während ich mich aufs Bett strecke
Säure, Säure an der Wand
Das Übel viel zu spät erkannt
Tausend Sorten artverwandt
Sprießen fröhlich Hand in Hand
Gemüse im kleine Scheiben schneiden
Von Hand ganz viele Briefe schreiben
Ich kann Gedanken tanken
Und will Blumen verdanken
Meine Gedichte sind Geschichte
Ich koche für mich Gerichte
Wenn ich am Handy spiele
Sehe ich queere Profile
Vor meiner Miele stehe ich Schmiere
Während ich die Spiele abstrahiere
Schmeiß' ich die Spülmaschine
Wenn ich nicht schlaf' katastrophisiere
Ich die Welt wie's mir gefällt

Agamemnon

Was ich Dir nie verziehen habe
Ist unsre Tochter als Opfergabe
Wie verrückt muss man nur sein
Nein, das zahle ich Dir heim
Während Du in Troja bist
Iphigenie, die Du nie vergisst
Ich hab' jetzt einen neuen Mann
Wir erdolchen Dich gemeinsam dann
Er ist im Bett viel besser als Du
Verführen liess ich mich im Nu

Apollon

Apollon war vier Tage alt
Und tötete Python schon bald
Die Ehre machte keinen Halt
Man schenkte ihm Hellsichtigkeit
Ein Orakel Delphi seiner Zeit
Auch zu Pythischen Spielen bereit
Der Beste an der Flöte wird sagen:
Du sollst Eselsohren haben!
Athene mit falschem Gesicht
Spielt den Aulos lieber nicht

Der Raub der Persephone

Ich teile für sie hier die Erde
Weil ich sie jetzt rauben werde
Kyane versucht, zu verhindern
Nichts wird ihre Schmerzen lindern
Sodass diese weinend davon schoß
Und seither gar als Quelle floß
Die arme Demeter irrte später
Ich war ihr ein Hochverräter
Misme wird sie schon auffangen
Dennoch zieht sie dann von dannen

Die Sirenen

Sie sangen lauthals ohne zu stocken
Um durchwegs Schiffer anzulocken
Odysseus versuchte mit Ohrenwachs
Er meinte, für ihn sei es ein Klacks
Zuletzt sangen Argonauten mit zwei
Und segelten so an den Sirenen vorbei
Nur Butes hörte den Gesang
Sodass er aufstand, sprang und schwamm
Sobald sie an ihnen schnell vorbeigingen
Kam es, dass diese nicht am Leben hingen

Hephaistos

Nach Missbildung hab' ich nicht gefragt
Hat Hera nach dem Gebären gesagt
Und obwohl ihr Damm gerissen
Hephaistos vom Olymp geschmissen
Weil Erwartung widerspricht
Stirbt Hephaistos dabei nicht
Karma wird dann noch aufrunden
Den Thron für sie hat er gefunden
Nochmals wird das Blatt sich wenden
Dionysos band ihn an den Händen

Hermes

Hermes macht aus Schildkröte die Leier
Wo die Rinder sind wissen die Geier
Bloß Battos hat es mitbekommen
Und darauf eine Kuh genommen
Doch dieser wollt' nicht verschwiegen sein
Hermes machte Battos zu Stein
Am Ende muss er die Rinder zurückgeben
Kein Unrecht auf Dauer erduldet das Leben
Am Ende findet Hermes die Panflöte
Du weißt noch; am Anfang stand Schildkröte

Lyakon

Lykaon war's, der Entscheidungen fällte
Und Zeus auf die Probe stellte
Ist er ein Gott oder bloß Komplott
Es war Zeus, der bloß müde lachte
Und Lykaon zum Wolf sofort machte
Der Blitz des Zeug traf wie ein Schlag
Obgleich er Äther nicht verbrennen mag
Gebrauchte Zeus ihn jeden Tag
Er wollte Lykaon in die Knie zwingen
Die Menschheit gar um ihre Existenz bringen

Tantalus

Damit sich Geschichte nicht verliert
Tantalus hat seinen Sohn serviert
Irgendwann hatte er großen Durst
Doch den Göttern war das Wurst
Sodass diese die Entscheidung trafen
Tantalus sehr hart zu bestrafen
Gewässer, die bis zum Kinn gingen
Früchte, die vor Nasen hingen
Sodass sie ein Ende nie befahlen
Das sind ewige Tantalusqualen

Zeus

Der schwangeren Metis davor die Nägel kürzen
Kein Nachwuchs soll ihn vom Thron stürzen
Im Eifer har Zeus seine Metis gefressen
Die Kopfschmerzen niemals vergessen

Den Schädel vor der Spaltung kahlgeschoren
Und schon wird die kleine Athena geboren
Zeus dachte, er würde dem Nachwuchs entgehen
Doch nach Karma wird dieser vor ihm stehen

Mein Lehrer kam mit der Story angerannt
Den Rest über Zeus hat er nicht gekannt

Herakles

Herakles tat zwölf Taten
Ohne lange abzuwarten
Den Löwen würde er erlegen
Rinderställe wird er pflegen
Hydras Köpfe schnitt er später
Einfangen des Stiers von Kreta
Die Kuh erlegte er im Nu
Den Eber wird er schon noch kriegen
Den Riesen G. wird er besiegen
Die Vögel hat er gar gestört
Ein Gürtel, der ihm nicht gehört
Die Rosse würde er bezähmen
Die Äpfel wird er sich schnell nehmen
Er raubt den Hund der Unterwelt
Weil's ihm da nicht so gefällt
Es gab nichts, was sich entgegen stellt

Zu heiß

Die Uhrzeit wird bald umgestellt
Frag' mich mal, ob's mir gefällt
Herakles mit Pfeil und Bogen
Dann scheint die Sonne ausgewogen
Zum Dreizehnten soll ich die Sonne töten
Einfach so für ein paar Kröten
Und während ich schon wieder
Schwitzend in der Hitze sitze
Reiß' ich über Hydra Witze
Über Hera sowieso
Ich finde Wasser nirgendwo

Aufstehen

Ich werde mich nicht schämen
Oder ein Blatt vor den Mund nehmen
Sondern Schild und Stimme heben
Ab durch das politische Beben
Steht keiner auf, wird sich nichts tun
Niemand bleibt liegen; niemand wird ruh'n
Wo sind Straße und Megafon
Ohne uns gäb's Katastrophen schon
Denn sie verschwenden vom Rohstoff
Die letzte Ration

Sommertage

Diese Hitze werde ich nie vergessen
Von Urlaub bin ich allzu besessen
Quälend den Verstand stehlend
Abstaubend Hirnzellen raubend
Schweißtropfen, die mich zu Boden zwingen
Wegen nasser Lappen mit Händen ringen
Gewitter, die kaum Kühlung bringen
Ich dusche immer drei Mal die Tage
Wenn ich den Tritt nach draußen wage
Weil ich meinen Garten nicht schön grün habe
Sondern den Kot von Wänden abschabe
Dreißig Vokabeln, die ich im Hirn trage
Während ich nur den Tanga anhabe
Nachts die dünne Decke mit Frage
Das ist heißes Sommergelage

Das Menschlein

Bedürftig, hungrig amüsant
Hab' ich ein Menschlein hier erkannt
Es gibt sich Namen, Ordnung, Recht und Pflicht
Doch seine Umwelt ehrt es nicht
Schicksal und Körper legen es in Fesseln
Hilfe von Menschlein kannst Du vergessen
Alles, was es tut, wird vergehen
Doch es ist feige, um einzusehen
Es verletzt nicht nur mir Worten
Sondern auch mit Taten
Zwanzig Jahre sind zu lange, um zu warten

Der Mensch

Diese Angst, die er ständig hat
Nichts im Leben macht ihn satt
Seine Gier ist niemals satt zu kriegen
Nicht einmal aufrichtig kann er lieben
Sein Wasserverbrauch ist allerhand
Den Wert von Mut hat er nicht erkannt
Bildung wird von ihm nicht geschätzt
Wart' nur, bis er Häuser zerfetzt
Und er tötet seinesgleichen
Die Grausamkeit wird ihm nie weichen
Schreiben tut er viel zu wenig
Seine Art und Weise schäbig
Auf ihn kann man sich nicht verlassen
Kein gutes Haar ist hier zu lassen
Er passt sich nicht an
Sondern macht es sich passend
Und wir sehen zu
Entsetzt und kaum fassend
Und meine Existenz macht keinen Sinn
Weil ich selbst so ein Mensch hier bin

Apokalypse

Die Sonne rennt, schreit und faucht
Der Mensch rennt, keucht und raucht
Das Wasser sinkt, fällt und staut
Der Mensch weint, weil er Wasser braucht
Ich bin schon früh untergetaucht
Eine Baby wurde neu geboren
Schon nach drei Stunden kahl geschoren
Den Erdboden gleich gemacht
Das Feuer ist entfacht
Das Anna hat sich umgebracht
Gott hat noch nie so sehr gelacht

Klimawandel

Mama sagte:
Mache Dir diese Sorgen nicht
Bald stirbst Du schon vom Mückenstich
Während sie ihr aus dem Wege wich
Das regelt sich schon von alleine
Sorgen mache Dir bloß keine
Das regelt sich schon von allein
Bald werden Inseln nicht mehr sein
Bald wirst Du Schweiß mehr schmecken
Nur noch mit Masken alles checken
Und nicht mehr lang vom Eis ablecken

Der Klimamensch

Der Klimamensch heizt einfach nicht
Angst und Missmut im Gesicht
Ein Klimamensch schläft einfach nicht
Will er was haben, erlischt das Licht
Der Klimamensch bringt sich um
Weil die Früchte nicht reif werden
„Ist mir egal; wir werden alle sterben."
Der Klimamensch lebt einfach nicht
Und gefühlt wird alles weggespült
Denn keine Rettung ist in Sicht

Impfschaden

Warum kriegt Granny Anna nicht mehr ihre Tage
Es ist die Sternlage ohne Frage
Warum geht Granny Anna noch zur Schachtel hin
Die schlaflosen Nächte stehen bis zum Kinn
Das Gehirn von Granny Anna
Einfach so Alpha, Beta, Gamma
Tablette, die sie niemals vergisst
Auch nicht, wenn sie sich beim Sport einpisst
Verkatert ist sie nicht einmal
Auf eine Nacht folgt tiefes Tal

Dickes P

Dickes P im Kaffee
Am Montag tut's mir gut
Doch am Dienstag tut's weh
Herz und Lunge überwunden
Bis zu den Rippen durchgerungen
Es ist so stark, dass ich mich frage
Was ich schon wieder genommen habe
Und während ich dem Professor trotzte
War es so, dass ich in Masken kotzte
Der Prof. bekam dann eine Glatze
Weil Granny Anna die Prüfung verpatzte

(In Anlehnung an Dickes B – Seeed)

Pillen

Ich weiß, dass ich genügend hab'
Sonst könnt' ich gleich direkt ins Grab
Wenn ich vor Stolz nur so trotze
Und schon im Hörsaal kotze
Im Zweifel immer rein damit
Morgen bin ich wieder fit
Wenn ich mich nicht nach Dir sehne
Lös' ich Probleme, indem ich Pillen nehme
Sag' nicht, ich sei ein abhängiger Mann
Weil ich jederzeit aufhören kann

Schlaftablette morgens um sieben

Die Schlaftablette morgens um sieben
Wird Das Anna besonders lieben
Drum will sie jeden Morgen kriegen
Dann schmecken sie besonders gediegen
Das Anna hasst soft; Das Anna mag's hart
Saftig, würzig, frisch am Start
Vielleicht, um nochmal abzuschalten
Die Wirkung wird sich bald entfalten
Das wird das Hirn schon noch aushalten
Das Anna ist niemand von den ganz Alten
Am Mittag wird es sich dann verhalten
Die Schlaftablette morgens um sieben
Das Anna stand auf; Das Anna blieb liegen

Tavor

An jenem Tag
Sah Granny Anna
Dass ein Tavor auf dem Boden lag
Die, die sie so gern mag
Sich fragend
Ob man das noch nehmen darf
Kam es, dass sie es einwarf
Er kauft Zigaretten
Granny Anna holt Tabletten
Und sie lagen nun verstreut
Mal zermörsert
Doch nie bereut

Tavor Tabu

Vor
Zum Sendlinger Tor
Dann Tavor
Tavor vor der Schnauze
Doch ich drück' die Lippen zu
Ich presse sie aufeinander
Denn Tavor ist Tabu
Tavor ist kein gutes Gift
Tavor ist nicht nett
Von Tavor wird mir übel
Doch es geht mehr im Bett
Ich will vor ihm weglaufen
Es hält mich am Jaquette
Ich frag' mich, wie das Leben wäre
Wenn ich Tavor nicht hätt'

Nur bei Medis

In einer Sache konnte Granny Anna nicht sparen
Sie wusste, wie ihre Pillen zu verstärken waren
Sonst war sie sparsam; auch bei Haushaltswaren
Nur in einem Aspekt sparte sie nicht
Tabletten fraß sie unermüdlich
Weil sie mit schwerer Krankheit lebte
Deshalb den Besuch beim Arzt stets pflegte
Gespart hat Granny Anna schon immer gern
Doch bei Medis kam sie vom anderen Stern
Seitdem sie an schwerer Krankheit litt
Und es jeder außer sie selbst abstritt
Sie teilt gern Wissen und die besten Tricks
Nur bei Tabletten teilt sie nichts

Im Griff

Heute geht's mir gut
Heute bin ich stark
Weil ich im Vergleich zu gestern
Mein Leben im Griff hab'
Heute bin ich clean
Und das schon der ganzen Tag
Und ich hab' beschlossen
Dass ich nicht mehr konsumieren mag
Den Stoff will ich nicht missen
Musst Du nur dazu wissen
Es lag unter dem Kissen
Ich hab' alles weggeschmissen
Auch wenn es sich nicht so anfühlt
Hab ich's ganz runtergespült

Meine Würde

Wo ist meine Würde hin
Ich kann sie nicht mehr finden
Vielleicht liegt sie total versteckt
Irgendwo ganz hinten
Hänge grad noch an ihr dran
Wohlwissend, dass ich verlieren kann
Was bedeutet Würde für Dich
Ein Impfschaden sicherlich nicht
Wo ist meine Würde hin
Ohne Würde keinen Sinn
Wie trage ich mit Würde
Was mir die Würde nimmt
Und währenddessen dabei zusehen
Wie mir die Zeit weg rinnt
Meine Würde würde gerne
Mal spazieren gehen
Doch etwas zwischen ihr und mir
Bleibt zwischen uns stehen

Im Gedächtnis

Ich baue Eselsbrücken, schreibe und abstrahiere
Damit ich bloß nichts aus dem Kopf verliere
Ich brauch' Würde, bis ich sterbe
Will nicht, dass ich dement werde
Wie war nochmal unser Plan?!
Ich glaub', das hab' ich schon getan
Das hat sich mir schnell eingebrannt
Den hier hab' ich auch erkannt
Wir waren in dem großen Saal
Wie hieß der gleich nochmal?!
Ich vergaß; was soll ich machen?!
Der ganze Saal wird mich auslachen
Ich muss ihr später schreiben dann
Erinnerst Du mich bitte dran?!
Ich schreib's auch auf
Und bring's an der Wand an
Damit ich's mir
Leichter einprägen kann
Was gibt es später dann zu essen?!
Ich hab' es nun bereits vergessen
Ganz viel Liebe fürs Gehirn
Durch das Streicheln Deiner Stirn
Das eine fällt mir nicht mehr ein
Ab mit Dir ins Pflegeheim
Ich denke also bin ich
Stimmt ganz sicher unweigerlich

Aufstellungen

Er sagte: Schmeiss' das Klötzchen ins Eck
Dann geht der Impfschaden weg
Kampf kämpft jeder seinen
Respekt zollt er keinen
Egal, ob ich das Klötzchen schmeiße
Oder gar eine Seite ausreisse
Ich weiß selbst besser, wie ich heiße
Und wo ich stehe; wohin ich gehe
„Es wird besser, wenn Du nur daran glaubst."
Pass' auf, dass Du Dich selbst runterschraubst
Ich denke nicht, dass sie taugen
Dinge, die bloß an mir saugen
Menschen, die nur an mir nagen
Mit zehn zu persönlichen Fragen
Warum die Menschen nicht verstehen
Anstatt nur mit mir zu gehen
Meinen Schaden hat sonst niemand gesehen
Mit unrealistisch hab' ich ein Problem
Ich sage: Das wird nicht wieder
Und schrieb es ein für alle Mal nieder

Ich bin nicht krank (Mein Wunsch zu sterben)

Ich bin nicht krank
Sondern die, die den schützen
Der Schlug, nachdem er trank
Mein Wunsch ist gesund
Als Reaktion auf den Schund
Wer glaubt, ich sei krank
Hat das System nicht erkannt
Ein Rätsel, wie der Mensch
Klimakatastrophe schaffen soll
Na klar, leb' ich super mit meinem Impfschaden voll
Wenn Inseln untergehen findest Du das sicher toll
Wenn die Städte untergehen
Die Gewässer zu hoch stehen
Dann erst will ich mir Dein Gesicht ansehen
Hör' auf, zu behaupten, ich sei bipolar
Sonst zeig' ich natürliche Reaktion sogar

Der Plan

Sie würden niemals herauskriegen
Dass sie ging, um einen Plan zu schmieden
Jeder dachte darüber nach
Doch es gab keinen, der's ansprach
Sie wolle in dieser Gesellschaft nicht leben
Sagte sie und verschwand in der Wand
Denn sie wollte den Tod aus eigener Hand
Dick, schwer und zähflüssig
War sie des Lebens überdrüssig
Noch ein letztes Mal die Sonne sehen
Und gucken, was sie macht
Noch ein letztes Mal im Wasser stehen
Und filmen, wie sie lacht
Und sie ging, denn es war allerhand
Weil sie im Tod Erlösung fand
Jetzt ab mir ihr hinauf ins Licht
Das Zeug da unten brauchte sie nicht

Ein paar Minuten

Ich weiß: Ich habe vor zwei Minuten
Aufgehört, mein Leben zu mögen
Dann kam die Haderei
Mittlerweile sind es drei
Zweifel hab' ich
Absolut keinerlei
Ich habe vor vier Minuten
Aufgehört, mein Leben zu lieben
Ich begann, aufzuschieben
Heut' noch nichts aufgeschrieben
Und Mittlerweile sind es sieben

(In Anlehnung an 5 Minuten – KitschKrieg)

Nur einen Wunsch

Hab' nur einen Wunsch, der beschwert:
Dass meine Seele nun zurückkehrt
Ich könnt' fliegen; ich könnt' gehen
Ich könnt' all die schönen Dinge sehen
Glaub' mir; mach' Dir keine Sorgen
Bin schon öfter dran gestorben
Es kommt anders als man denkt
Und ich hab' die Gefühle
Die hier sonst keiner kennt
Hab' viel geschafft; viel gemacht
Viel gelitten und gelacht
Ehrlich brauch' ich nicht mehr sein
Ein Tavor schmeiß' ich auch gleich ein
Und ehe ich all dies sage
Wird klar, dass ich mich aufgegeben habe

Suizid

Der Rechtsbeistand hat angeklagt
Weil Granny Anna nicht leben mag
Nie wieder wirst Du Gedichte schreiben
Oder fremde Haare schneiden
Oder Amy-Puppen kleiden
Ich würd's nicht so weit treiben
Die Seelen würden's Dir ankreiden
Du wirst nie wieder auf Dinge zeigen
- Und nein, damit mein' ich nicht Dich
Sondern selbstverständlich Mondlicht -
Nein, nie wider wirst Du zeigen können
Willst Du Dir jetzt schon Paradies gönnen?!
Ja, denn ich will Würde tragen
An diesem und an allen Tagen
Und so urteilt mein Gericht
Was würde nimmt, das trägt man nicht

Du bist

Du weißt, dass wir Gewohnheiten haben
Und ich wollte Dir nur sagen
Dass ich eines nicht verpass'
Dass auch Du Geburtstag hast
Gespräche einfach ohne Fragen
Zwischen Kirschen und tausend Gaben
Wenn ich nachts wieder zucke
Und hinauf zum Himmel gucke
Fang' ich an, an Dich zu glauben
Du bist die beste aller Tauben
Suche mein Ich ohne Dich
Doch find's einfach nicht
Denn Du bist unentbehrlich
Die Stunden vergehen
Und die Zeit bleibt nie stehen
Ich kann's kaum erwarten
Zu Dir zurück zu gehen
Cherry, ich brauch' Deinen Rat
Weil ich Dich am liebsten frag'
Ich hab' an Dich gedacht
Und Dir Blumen mitgebracht
Ich liebe Dich so sehr
Keine andre lieb' ich mehr
Ich denk' an Dich unweigerlich
Schreiben kann ich Dir nur nicht
Wie soll es mir gut gehen
Muss ohne Dich hier stehen
Danke für Wunder, die Du vollbringst
Auch wenn Du mich in die Knie zwingst

Meine Schwester

Hör' gut zu, wenn ich Dir sag'
Wie lieb ich meine Schwester hab'
Sie würde mich von oben beflügeln
Und Kluge Pläne mir ausklügeln
Der Schnürsenkel im Schuh gestrandet
Sicher noch im Zug gelandet
Pünktlich würde ich kommen
Sie hat für mich den Zug genommen
Sie hat mir Lehrkräfte geschmissen
Und Seiten aus dem Buch gerissen
Ihretwegen hab' ich den Test geschafft
Und Praktika zu Ende gebracht
Sie schafft mir Steine aus dem Weg
Damit ich hier in Frieden leb'
Für mich ist sie total herrlich
Eine tolle Schwester habe ich
Weil wir Geheimsprache kommunizieren
Und uns nie mehr wieder verlieren

Vanishing Twin

Von allen Dingen kauf' ich zwei
Vertrauen hab' ich keinerlei
Ewig muss ich auf sie warten
Start ins Leben mit schlechten Karten
Unsere Hände lösten sich
Allein gelassen und im Stich
Das Schicksal als mieser Verräter
Glücklich werd' ich vielleicht später
Ich liebe sie an einem Stück
Ein Hendiadyoin bringt mich zurück

Ohne sie

Wo ist meine Schwester hin
Ohne sie fehlt mir der Sinn
Weil ich ohne Cherry
Niemals ganz ich selber bin
Irgendwann werd' ich berichten
Meine Schwester wird's schon richten
Sie singt Telefonbücher runter
Und meine Welt wird etwas bunter
Höllenschmerzen, die man lieber vergisst
Wo ist das Ding, das Vermissen misst
War es Schicksal oder war es List
Weil ihr Verlust meine Seele frisst
Ich kann das alles gar nicht wollen
Mich hätt's zwei Mal geben sollen
Meine Schwester ist bei mir
Immer nur an meiner Seite
Ein Leben gibt es nur mit ihr
Ohne sie such' ich das Weite

Orientierungslos

Ich weiß nicht, wohin ich gehe
Ich weiß nicht, woher ich komme
Auch wenn sie unten täglich scheint
Hab' ich nichts von dieser Sonne
Ich weiß nicht, wohin ich laufe
Ich weiß nicht, wie viel ich kaufe
Liebe, die ich niemals kriege
Wenn ich spiele und beiseite schiebe
9384 Tage lang ohne Dich gefangen
Wusste mit Dingen nichts anzufangen
Mein Herz hungrig vor Verlangen

Standhaftigkeit

Ich brauche den Geist, der bleibt
Mit guter Bildung einverleibt
Lieber ein Geist, der standhält
Als ein Körper, der zerfällt
Weil ich immer den Geist frag'
Der grad einen Rat parat hat
Nur den Geist von festem Bestand
Hab' ich sofort wiedererkannt
Bald will ich ihm etwas schenken
Was vermag ich auszudenken
Stabil und frei zugleich
Von dessen Seite ich nie weiche
Standhaftigkeit nicht von dieser Erde
Weil ich das Paradies nie verlassen werde

Wankelmut

Du musst nicht immer alles verstehen
Wie es kommt, wirst Du schon sehen
Sie war von höchstem Wankelmut
Mal prahlte sie; mal zog sie den Hut
Doch tief dahinter lag die Wut
Sie hat sogar noch Kinder bekommen
Und diese für ihren Halt genommen
Sie hat ihren Namen geändert
Und mal so, mal so gegendert
Stabilität kam zu spät
Ihre Hoffnung starb irgendwann
Dass sie ein Mal Halt finden kann

Bipolar

Manchmal spricht sie nicht viel
Manchmal musst Du sie stoppen
Manchmal verliert sie Spiel
Manchmal wird sie Dich toppen
Manchmal wie ein Wasserfall
Manchmal Ausfall total
Mal ist sie so; dann wieder so
Du findest sie immer irgendwo
Damit ich mir Kommentare spar'
Ich sag' Dir, sie ist bipolar

Magersucht

Vor fünf Jahren hat es angefangen
Sie zählte alle Kalorien zusammen
Begonnen hat's mit trockenem Brot
Die Psychiatrie fing auf zur Not
Der Vater sprach:
„Du siehst aus wie der Tod!"
Die Mutter träumte, wenn sie schlief
Während die Tochter eine Runde lief
Wasser als einziges Lebenselixier
Einmal kam eine Schwester zu ihr
„Kommen Sie bitte zur Waage mit hin?!"
„Bin auf dem Klo, damit ich nicht so schwer bin."

Der herabwürdigende Psychiater

Sorry, ich bin etwas zu spät
Wundert mich, dass sie aufs Gymie geht
Weil auf meinem Blatt Missbildung steht
Mei, sie tut mir etwas leid
Sie scheint mir bloß nicht so gescheit
Sie ist depressiv?! Nicht mein Problem!
Dann soll sie halt zu Freunden geh'n!
Ich will sie hier nicht mehr seh'n
Sie scheint nicht so hübsch zu sein
Mir fällt nichts für sie ein
Die Brille steht ihr nicht so toll
Kein Plan, wie ich ihr helfen soll
Mathe kann sie nicht sehr gut
Mir egal, was sie sonst tut
Mir missfällt auch, wie sie spricht
Eine Lösung hab' ich nicht
Er guckte nicht mal ins Gesicht

In der Frauenklinik

Sie können keine Kinder kriegen?!
Warum sind Sie dann hier und liegen?!
Wissen Sie, was wir für Frauen haben?!
Hab' keine Zeit für solche Fragen!
Na gut, ich guck' doch schnell rein
So schlimm kann es schon nicht sein
Mir egal, wenn Sie über Schmerzen klagen
Sie können gar nichts Schlimmes haben

So kam es, dass sie verschwand
Und ihm den Ruf auf ewig verbrannt
Den Doktortitel aberkannt

Der Hausarzt

Das bilden Sie sich alles ein
Ein Impfschaden kann es nicht sein

Ich wünsche Ihnen irgendwann
Dass Sie fühlen, was ich fühlen kann

Ach, was Schlimmes können Sie nicht haben
Sie können ja das Studium tragen

Mein Vertrauen ist in Teile zersplittert
Grad noch am Pflegefall vorbei geschlittert

Autoantikörper sind so völlig normal

Nein, mein Junge, sie sind tödlich und fatal

Jetzt führen Sie sich nicht so auf
Sie nahmen die Impfungen in Kauf

Ich war eine Woche am Stück wach
Und menstruiere nicht mehr
Da kommen Sie mir doof daher
So langsam platzt mir die Geduld
Ja, alles ist nur meine Schuld

Pneumothorax

Ich kenne einen Mann
Der Fahrradfahren kann
Vor gut drei Wochen
Fingen Lungenschmerzen an
Er dachte:
Das kann so nicht länger sein
Und trudelte nach vier Wochen
In der Notaufnahme ein
Was die Ärztin wahrlich sah
War ein Pneumothorax gar
„Kriegen Sie Luft jetzt und hier?"
„Für bürgerliches Leben reicht es mir."
Legen Sie sich sofort hin
Bewegen Sie nicht mal Ihr Kinn
Die Ärztin konnte immer noch nicht fassen
Und begann, die Luft raus zu lassen

Dekubiti

Der Pfleger hat mit Verdruss gewusst
Dass mit dem Dekubitus
Doch irgendetwas sein muss
So kam es, dass er nicht abtropfte
Sondern zart gegen die Kruste klopfte
Ich hoffe, ich tu' Ihnen nicht weh
Und was war hinter der Kruste?
Ein riesengroßer Eitersee!
Der Pfleger spürte großen Schreck
Er lief direkt vom Bett weg
Doch es hatte keinen Zweck
Er musste putzen Eiterdreck

Nudelfiasko

Als die Patientin eine Nudel verschlang
Millimeter breit und meterlang
Gelangte die Dame in Atemnotstrudel
Durch eine ganz bestimmte Nudel
Bis die Pflegekraft hin eilte
Als diese die Kanüle von der Nudel befreite
Wollen Sie nicht eine Pause haben
Wagte die Pflegekraft zu fragen
Doch die Patientin ließ sich nichts sagen
Sie wäre schließlich fast gestorben
Die Nudel grad noch so geborgen
Die Patientin verschlang froh und heiter
Tausend meterlange Nudeln weiter

Krankenhaus

Lädierte Leute rollen ihr tollen Rollis
Voll gerade aus; gerade raus
Gestern lädierte Leute, heute lädierte Leute
Morgen lädierte Leute; der Arzt hat keine Freunde
Weil sie bei Übergaben zigtausend Sachen fragen
Gesund wirst Du im Kunstlicht nicht
Pass auf, dass der Arzt nicht verspricht
Der Tropf tropft, die Schwester klopft
Neuer Arzt, der mich zustopft
Wie steht's mit dem Krebs
Letzter Tropfen Hoffnung für lädierte Leute heute

Ein Waschbecken

Ein Mann hat sich mal in ein Krankenhaus getraut
Als Handwerker verkleidet hat er ein Becken geklaut
Die Morgenroutine war dort von nun an versaut
Da hätten Pflegekräfte lieber genauer hingeschaut

Im Klinikkeller hat sich kein Becken angestaut
Auf dem Weg zum Baumarkt hat's den Meister gehaut
Er musste in die Klinik; seine Zukunft war verbaut
Er musste in DAS Zimmer, doch es war ihm da zu laut

Und die Moral dieser Geschichte?
Die Waschbecken sind zunichte!

Der Schlaganfall

Sie hatte einen Schlaganfall
Und ich hab' ihn erkannt
Er war von großer Schwere
Und wenn ich nicht da gewesen wäre
Hätte sie abgedankt
Doch es war mir eine Lehre
Lebe jetzt in andrer Sphäre
Hatten zu viel vom guten Trank
Das hat sie nur ein Mal im Leben
Ihr Bein soll sich noch leicht bewegen
Ich kann nicht mehr mit ihr reden
Ihren Arm kann sie nicht heben
Würd' gern mit ihr auf Parkett schweben
Ein zweites Mal wird es nicht geben
Aus hunderttausend Lügen
Wird sich unser Schicksal fügen

Der Pflegefall

Machst Du mir zu den Hosenstall
Krücken bewahren mich vor dem Fall
Kannst Du mich dahin tragen
Und für mich nach Früchten fragen
Ich brauche nicht zu sagen
Dass Du mir die Tasche trägst
Später auch das Holz noch sägst
Das Essen musst Du mir eingeben
Erst dann kriegst Du von mir den Segen
Bring' mir noch die Bürste her
Es ist zu schwer; ich kann nicht mehr

Pflegeehe (Der Pflehemann)

Er war ihr Ehemann
Und oft ein großer Schenker
Er war nicht dumm
Er war ein großer Denker

Plötzlich wurde er immer kränker
Sein Körper eingeschränkter
Seine Frau tat seine Pflege
Doch dann suchte sie Missbrauchswege

Sie hat ihn einfach ruhig gestellt
Weil er ihr so besser gefällt

Sie würde viele Dinge nicht machen
Ausgelassen aus Spott über ihn lachen
Er liegt in seinen nassen Sachen

Freisinn

Freiheit ist bloß vage Illusion
Will ich frei sein oder bin ich schon
Isst Du aus Lust oder bloß, weil Du musst
Danach beim Abspülen kann ich sie nicht spüren
Der Nachbar, der sägt, will mit Störung verführen
Er pflegt seine Frau; die hat Plastikkanülen
Hättest Du selbst Deinen Namen gewählt
Hättest Du sicher zu Größen gezählt
Es ist Freiheit, die fehlt
Willst Du Arzt sein als Held oder nur für das Geld
Es wirkt so gestellt; man verspricht, was man hält

Geld

Ich liebe kleine Scheine
Und die großen umso mehr
Wenn's andere schwer haben
Interessiert mich das nicht sehr
Geld war für mich nur ein Geschenk
Weil ich nur an das eine denk'
Das ganze Geld will ich haben
Und in Münzen könnt' ich baden
Ich will Geld um jeden Preis
Leg' meine Bildung auch auf Eis
Geld regiert die Welt
Sagst Du doch Selbst
Kein Plan, warum Dir das nicht gefällt
Billig und schlicht
Juckt mich einfach nicht
Ich hab das, was ich schon immer wollt'
Zwei Säcke voll mit Gold
Und wer sagt, dass er das Geld nicht liebt
Hat's einfach bloß nicht hingekriegt

Inflation

Wegen Dir lass' ich die Haare
Dir zulieb' sortier' ich Ware
Nur damit ich noch mehr spare
Heute gibt's kein Chili sin Carne
Ich weiß nicht, wann ich schlaf'
Weil ich nur Papier fressen darf
Frauen schreib' ich keine an
Weil ich mir irgendwann
Das alles nicht mehr leisten kann
Beim Strom zieh' ich die Leine
Ruhige Nerven hab' ich keine
Weil ich jeden Abend
Für mein kapitalistisches Selbst weine

Der Fußballer

Sie haben ihn zu sich gerufen
Bald würden sie ihn hochstufen
Oder würden sie ihn nun verkaufen
Es war einfach zum Weglaufen
Er war für sie klare Ware
Ehe man am Trikot spare
Fanartikel an der Wand
Wer ist Spieler hier im Land
Fans warteten angespannt
Und schon kam er angerannt
Doch ihn haben sie nie gekannt

Der Taxifahrer

Es war einmal ein Taxifahrer
Der an seinem Stand stand
Er verneinte jede Fahrt
Indem er sagte: „Ich lern' Kant."
Dann kam einmal ein Mann
Der meinte: „Das ist allerhand!"
Was niemand wusste war:
Er hatte Kant noch nie gekannt
Es war nur, dass er das Fahren
Nie mit Freude mehr verband
Dann kam sein Chef, der nie verstand:
„Warum bist Du so verspannt?"
Und der Taxifahrer sprach:
„Ich fahre nicht
Denn ich hab' 'n Bruch in der Hand."

Der Pfarrer

Der Pfarrer war im Ruhestand
Mit Damenstrümpfen in der Hand
Ist er völlig außer Rand und Band
Klammheimlich in die Kirche gelangt

Die Kirche war - so dachte er -
Außer ihm ganz menschenleer
Der Weg zum Putzraum gar nicht schwer

Und so kam es - das war klar -
Dass er den Staubsauger dann sah
Sie sehen schon jetzt die Gefahr

Dem Richter später zum großen Graus
Packte der Pfarrer seinen Penis aus
Damit er, nachdem er gut einschmierte,
Mit dem Sauger masturbierte

Und der Pfarrer sagte:
Aber es war doch klar
Dass ich nur beim Pinkeln war
Sie wissen: Wegen der Diuretika

Der Lehrersong

Ich will nicht, dass Du auf dem Tisch tanzt
Du darfst aufs Klo; ich weiß nicht, ob Du kannst
Es war Lukas, der Laura von Stuhl runterstieß
Now, say it in English please
Gibt es jetzt noch offene Fragen
Ihr meldet euch eh nicht; kann ich sagen
Meine Prüfung steht auch schon bereit
Für Fragen ist dann eh keine Zeit
Könnt ihr beschreiben, was ihr auf dem Bild seht
Der, der am Ende des Schuljahres geht
Ist der, bei dem zwei Mal fünf drin steht

Didaktische Prinzipien

Ihr Jungs da hinten, ich will, dass ihr still seid
Anna in der ersten ist für den Gefallen bereit
Das tut sie sicher gern; sie ist ja so gescheit
Kannst Du Dich bitte nach hinten setzen
Und das Gespräch der Jungs verletzen
Bronfenbrenner hat gesagt
Da steht Klafki, den ich mag
In der Prüfung wurde klar
Dass ich mal Montessori war
Passt gut auf und hört noch kurz her
Wir machen jetzt Think-Pair-Share

Elterngespräche

Ihr Sohn hat die Stunde gestört
Und nicht getan, was sich gehört
Mit dem Gymnasium sind Sie falsch gelegen
Runter soll er; fehlender Hilfe wegen
Sie auf der Arbeit; Deutsch spricht die Mutter nicht
Für's Abitur gibt es kein grünes Licht

Hören Sie mir mal ganz genau zu
Wissen Sie, was ich durchwegs tu'?!
Warten Sie, wenn ich Sie spüren lasse
Was ich mit meinem Geist erfasse
Für Ihren Rassismus wird sich Karma noch rächen
Ich will nicht wissen
Wie wenig Sprachen Sie sprechen

Lehrergespräche

Kein Wunder, dass die Kinder hinten hingen
Da kann man nicht lernen, bei sowas wie Ihnen
Sie können dem deutschen Volk nicht dienen
Sie können denen doch nichts beibringen
Geschweige denn auf Deutsch was singen
Sie führen die Kinder noch in den Garaus
Reine Lehre sieht anders aus

Hören Sie
Ich unterrichte hier seit fünfzehn Jahren
Ihren Rassismus können Sie sich sparen
Ich begegne Ihnen lieber nicht wieder
Ihre Art wird mir langsam zuwider

Die letzte Nuss

Die Mutter gibt ihm noch einen Kuss
Dann verschluckt er die Nuss
Ganz hinten im Schulbus
Sodass der Fahrer anhalten muss
Die Mitschüler voller Verdruss
Hätte er das früher gewusst
Hätte er darauf keine Lust

Eine Nussallergie
War viel zu viel
Man sagte ab das Sportspiel
Während der Junge abfiel

Mündliche Prüfungen

Mündliche Prüfungen nehmen den Spaß
"Sagen Sie, wissen Sie überhaupt etwas?!"
Das weiß ich leider nicht
Das hier hat er mir geschickt
"Ihre Prüfung ist nicht sehr leicht..."
Es tut mir fürchterlich leid
Dieses Wissen hat mich nicht erreicht
Sie stellen wieder zu viele Fragen
Wie viele kann ich wieder nicht sagen
Verschachtelt und aneinander geklebt
Sodass niemand mehr versteht
Angekettet und in Fesseln gelegt
Wann hat Herzog Heinrich gelebt
Sie werden schon sehen
Sollten sie an meiner Stelle stehen
Sie haben meine Knie weich gemacht
Und tausend Male darüber gelacht

15. August

Ich vermag nichts gegen Bildung zu sagen
Und stets viele Dinge fragen
Doch das sind die trostlosesten Tage
Die ich jemals erlebt habe
Sie schreiben die Prüfung deshalb spät
Damit es uns so richtig quält
Die einen wollten sie auf Foltern spannen
Während andere erst zu lernen begannen
Wenn ich ich wär', würd ich ranklotzen
Und den Widerständen trotzen
Ich will es endlich hinter mich bringen
Zum Lernen musste ich mich zwingen
Niemand sagte, dass es leicht sei
Nach der Prüfung bin ich frei

BAföG

Als ich ein Kind war
War wunderbar
Was ich dann als nervig sah
Nun sind es Dinge
Die ich nicht verstehe
Derentwegen ich
Wände hochgehe
Nebenkosten soll ich zahlen
Multiple-Choice Qual aller Wahlen
Doch es kam, wie es kam
Weil ich ihn verklagen kann

Absolutus

Nach gefrühstücktem Ei
Und gesprungenem Seil
War ich ganz und gar
Da ich den lieben Wollenden sah
Er ist gesagt, dass ihm Salat im Magen lag
Heut' ist ein perfekter Tag
An dem mich meine Sprache mag
Denn ich brauch' gute Bildung
Von Qualität
Gute Bildung
Mein Privileg
Und wenn gute Bildung
Gut sein soll
Brauch' ich auch
Mein Graecum voll

Was zählt

Es zählt nicht, wen Du liebst
Oder wie viel Geld Du kriegst
Auch Deine Farben sind leichter Wind
Was zählt ist, wie groß Deine Augen sind
Es geht nicht darum, in welcher Schicht Du stehst
Sondern darum, ob Du solidarisch umgehst
Es geht nicht um Schönheitsbezüge
Oder gar um teure Flüge
Sondern darum, welches Maß genüge
Und welcher Schein Dich trüge
Denn jede Wahrheit ist auch Lüge
Es zählt nicht, welchen Zug Du verpasst
Denn es zählt, was Du im Köpfchen hast

Instagram

Ich habe sie mit etwas Bildung infiziert
Und sie auch mit dem Wissen bombardiert
Ich dachte, ich könnte sie verführen
Oder zumindest leicht berühren
Doch sie rannten alle weg
Als hätte ich sie angesteckt
Und alle guckten sie mich an
Als hätt' ich ihnen was getan
Es war nur etwas Ethanol ganz ohne Zolpidem
Was hat sie gemacht; warum musste sie gehen
Ich hab' Dich nicht nach Deiner Meinung gefragt
Trotzdem heißt es dann: Igitt Das Anna hat gesagt

V.

Sie dachte, sie könnte Dinge klären
Und würde zu ihm zurückkehren
Die Gelegenheit würde ihn nähren
Von ihrem Körper würde er zehren
Ihre Seele gar verheeren
Sie dachte, er sei charming und nett
Er dachte, er verführe mit Sekt
Einfach nur korrekt abgespeckt
Die Strafanzeige kam zu spät
Du willst nicht fragen, wie's ihr geht

Vergewaltigt

Kein Reim der Welt könnte mich trösten
Der Moment, in dem sie mich entblößten
Meine Würde wurde mir genommen
Von Liquid X nur so benommen
Hab' nur den Schaden wahrgenommen
Für hinterzogene Steuern kriegt man mehr
Wertbeimessung fällt den Menschen schwer
Meine Therapeutin sagt, das wird schon wieder
Langsam wird mir alles zuwider
Es sagt, dass ich keinen mehr kriege
Dass ich mich nie wieder verliebe
Dass ich nie mehr glücklich bin
Und schon dreimal keinen Sinn
Die Räder der Justiz drehen sich nicht schnell
Draußen war's kalt; das Licht schien hell
Der Richter stellt zu viele Fragen
Deren Antwort will ich gar nicht sagen
Er kriegt nur sieben Jahre
Sodass ich selbst zum Gefängnis fahre
Und ihn höchstpersönlich kastriere
Ihm seine Hoden amputiere

Im Dienste der Demokratie

Sie kam zu mir und sagte
Feind der Demokratie ist nicht, wer nicht wagte
Der Moment, in dem Demokratie zerschellte
Kam, als er Wahlpost seines Vaters bestellte
Und in dessen Namen einfach wählte
Es war Gewissen, das ihn quälte
Man hüte sich, Demokratie zu schänden
Man muss sich schon an Wahlrecht wenden
Die Justiz hat keine Gnade ihm gewährt
Und ihn dafür eingesperrt

Raubkopie

Ihre Eltern waren streng
Und für sie wurde es richtig eng
Als sie begann, falsche Zeugnisse zu schreiben
Und auch Raubkopie zu betreiben
Lisa, hast Du was ausgefressen
Das werden wir nicht vergessen
Aber Papa, Du wolltest doch, dass ich Ärztin bin
Wo ist auf einmal die Liebe hin
Ich wollte eigentlich von euch nur Respekt
Ich bin eigentlich gar nicht perfekt
Es wäre schön, würde ich etwas Liebe kriegen
Bald schon wird sie in den Knast fliegen
Und das passiert mit Ihnen, mein Kind
Wenn Sie jemand sein wollen, der Sie nicht sind

Heimtücke

Er war es, der aus Tücke heimlich
Ins Auto seiner Eltern schlich
Und Alleskleber ans Lenkrad brachte
Er war's, der danach kurz lachte
Nachdem Mutter dann ins Schleudern geriet
Ist sie es, die nun im Schockraum liegt
Ein Leben nach dem andren fliegt
Du lügst und betrügst
Sagte der Richter später dem Sohn
In ganz besonders strengem Ton

Geld stehlen

Ist es wirklich schlimm
Geld von den Eltern zu stehlen
Er würde sich halt ab und an
Einfach verzählen
Und sich hin und wieder
Beim Abheben verwählen
Sein Gewissen würde ihn später quälen
Die Rechnung würde er nie begleichen
Taschengeld für immer streichen
Niemand wird es jemals ansprechen
Energieerhaltungssätze werden ihn brechen
Und während die Scheine in seiner Tasche knittern
Wird Vertrauen in tausend Teile zersplittern
Seine Hände haben nach Münzen gerochen
Aufrichtigkeit ist hier gebrochen
Aber er hätte von uns doch alles gekriegt
Doch leider haben sie nicht geliebt

Alles meine Schuld

Manchmal reisst mir die Geduld
Am Übel der Welt trag' allein ich Schuld
Ich hab' jede Überschwemmung gemacht
Und mir jeden Raub ausgedacht
Dennoch die Kinder nicht bewacht
Am 13. Breitengrad hat's gekracht
Und am 15. hat eine Zecke gelacht
Ich habe alles vorhergesehen
Warum ich nicht sprach wirst Du nicht verstehen
Ich bin bloß als Mensch getarnt
Ich habe jedes Übel geplant
Ich habe es vorausgeahnt
Und die Menschheit nicht gewarnt

Sitzen bleiben

Böses hast Du schon getan
Deine Flügel kannst Du sparen
Schmerzen werden sich zuspitzen
Denn Du bleibst jetzt einfach sitzen
Fliegen kannst Du nicht von wegen
Denn Du hast es abgegeben
Du hast zu viel Schuld auf Dich geladen
Welche genau will ich nicht sagen
Du hast nun die endgültige Wahl
Entscheide Dich für eine Tantalusqual

Ausreden

Sechs Geschwister
Die um die Liebe ihrer Eltern buhlen
Drei von ihnen machen Sport
Drei besuchen hohe Schulen
Hört auf, im Dreck zu wühlen
Kippelt nicht mit den Stühlen
Das erste Kind wollt' Freizeit haben
Sodass es auf den Abbruch pochte
Deshalb kam es so
Dass die Mutter es nicht mehr mochte
Der zweite Sohn - was tat er schon
Er vergriff sich mal in Ton
Die Tochter fand, dass sie auf Frauen stand
Weg war die liebevolle Hand
Das vierte Kind ist krank geworden
Und ziemlich schnell gestorben
Der sechste Sohn hat gefragt
Ob er bloß Gehilfe werden darf
Der Vater handelte, indem er ihn rauswarf
Ausreden nicht zu lieben
Zuneigung auf lange Bänke schieben

Die Liebe einer Mutter

Es geht nichts über eine liebende Mutter
Und kriegst Du von ihr kein Liebesfutter
Hast Du nun mal Pech gehabt
Hat Das Anna jetzt gesagt
„Na, ist bei Dir alles im Butter?!"
„Nein, mir fehlt die Liebe einer Mutter."
Ich weiß nicht, wohin sie immer wegfliegt
Oder wo ihre Liebe irgendwo im Eck liegt
Ich weiß nicht, warum mein Schicksal
Mir ihre Liebe nicht schenkt
Oder was sie selbst sich denkt
Doch ihre Liebe hat einst kapituliert
Einfach aus ihrem Herzen radiert

Die verfangene Mutter

Schatz, mir wird grad alles zu viel
Geh' zu den andren bitte und spiel'
Du sollst still sein, um mir zu gefallen
Vor allem morgens, sonst wird's knallen
Schatz, kannst Du mir Zigaretten kaufen
Mir ist grad wirklich zum Davonlaufen
Weißt Du, Kind, manchmal könnt' ich saufen
Guck' Dir bloß an diesen riesigen Misthaufen
Könntest Du heute Deinen Bruder abholen
Mir wurde vorhin die Tasche gestohlen

Aber Mutter, wann hast Du Zeit?!
Wann bist Du endlich für mich bereit?!

Die unerreichbare Mutter

Anstatt zu ihr Mutter zu sagen
Könnte man auch keine haben
Manchmal mischt sie mir Zeug in Getränke
Zum Geburtstag gab es keine Geschenke
Wenn ich esse, setzt sie sich nicht dazu
Wenn ich frag', ob sie mich fährt
Sagt sie: Lass' mich in Ruh'!
Geh' raus oder in Dein Zimmer rein
Deshalb bin ich oft allein
Sie stellt mir mein Essen bloß hin
Das ist aber schon ein Gewinn
Meistens vergisst sie ganz, zu kochen
Manchmal sogar über mehrere Wochen
Sie würde mich nicht für meine Noten
Ganz und gar auch nur ein Mal loben
Ein Mal hat sie mich auf ein Pferd gehoben
Ganz kurz sah ich die Welt von oben
Am selben Abend gab sie mir Drogen

Auf der Zunge

Da ist was, das mir auf der Zunge liegt
Etwas, das keinem sonst um die Ohren fliegt
Es gibt was, das mich sehr beschäftigt
Etwas, das ist wirklich heftig
Etwas, was mir unter den Nägeln brennt
Was keiner außer mir jetzt kennt
Tränen laufen über Wangen
Wie soll ich bloß damit anfangen
Es schwirrt in meinem Hinterkopf
Ich drücke bloß den falschen Knopf
Ich weine nachts bloß in mein Kissen
Denn nur mein Kissen soll es wissen
Außer ihr würde niemand fragen
Doch ich kann es ihr einfach nicht sagen
Am Ende wird sich alles fügen
Vielleicht muss ich für immer lügen
Niemand wird mich je verstehen
Am Ende wird nur Gott es sehen
Ich kann es nicht in Worte fassen
Deshalb muss ich es auch einfach lassen

Missbrauch

Hör' zu, wenn ich Dir erzähle
Bevor Du verurteilst
Den Weg, den ich wähle
Du machst mich krank
Hat sie geschrieben
Die Zettel würden vor der Tür liegen
An den Haaren hat sie mich gezogen
Was hat sie nur dazu bewogen?!
Nichts glättet in der Tiefe die Wogen
An ihr kann ich kein gutes Haar lassen
Meistens kann ich es selbst kaum fassen
Überfordert und depressiv
Es ist nicht meine Schuld
In ihrem Leben lief schief
Ich bring' Dich zum Selbstmord
Hat sie geschrien
Tags drauf würde sie wieder lieben
In manchen Aspekten hat sie richtig gedacht
Aber damit den Rest kaputt gemacht
Ich bin nicht fröhlich und besonnen
Das hat den Frieden mir genommen

Die Rabenmutter

Sie gibt mir Alkohol zu trinken
Über die Nabelschnur im Bauch
McDonald's zu essen
Und rauchen tut sie auch
Konzept Leben gefällt mir nicht
Sie führen mich jetzt schon hinter's Licht
Obwohl sie mein Wort noch gar nicht hören
Versuchen sie mich zu zerstören
Ich fühle mich nicht wohl in ihr
Ab zurück nach oben mit mir
Sodass ich gleich den Mut verliere
Und mich mit der Nabelschnur
Suizidiere

Eltern

Um dies zu schreiben muss ich mich überwinden
Papier und Stift werden mich zurückschinden
Ich habe ein Problem
Mit viel Un-verstehen versehen
Würden sie mich ein bisschen mehr kennen
Könnt' ich mein Leben vielleicht hübsch nennen
Hätten sie Einsicht in die Art, wie ich denke
Hätte ich vielleicht auch Geschenke
Würden sie Einsicht in Ansicht gewinnen
Würden mir Dinge aus Händen rinnen
Würden sie mir dann zuhören
Würde dies mein Bild zerstören
Hätte mein Wort ihren Respekt
Wär' das Liebesspiel perfekt
Sie sind nett, könnte man meinen
Doch einen Schimmer hatten sie keinen

Eltern haften für ihre Kinder

Lebst Du noch oder hab' ich was verpasst?!
Es ist nicht meine Schuld
Wenn Du keine Versicherung hast
Selbst wenn Gott mich nun dafür hasst
Bin ich die, die ihr Schicksal
Selbst an der Hand fasst
Ich bin keine, die es geschehen lässt
Und die sich weiterhin einnässt
Ich kann nicht mit Würde tragen
Was mir Würde nimmt
Geschweige denn auch noch ein Kind
Manche Menschen fühlen sich ungeborgen
Manche haben halt eigene Sorgen

Anhängliche Mütter

Er hat zu leben aufgehört
Meines ist ab jetzt zerstört
Lieber kann ich es nicht fassen
Anstatt selbstlos loszulassen
Ich könnt' nie mehr essen
Pflegte ich zu sagen
Doch nach seinem Tod
Knurrt mein Magen
Seinen Tod würde ich nicht überleben
Doch Schicksal sagte: Pah, von wegen!
Lieber würde ich mich hassen
Anstatt endlich loszulassen
Und seinen Tod zu verkraften
Dass er lebt ist mein Anspruch an Glück
Ich will wieder meinen Sohn zurück

Ich will es so meinen

Mit dem Genuss hab' ich Probleme
Und eine Sache, für die ich mich besonders schäme
Manchmal geh' ich ins Bett, um zu weinen
Denn ich würde: Ich liebe Dich gerne auch meinen
Er fordert meine Liebe, doch ich liebe ihn nicht
Käme eines Tages die Wahrheit ans Licht
Stünde ich direkt vor dem Ehrengericht
Dabei muss ich mich täglich überwinden
Meine wahren Gefühle unterbinden
Obwohl es feige klingt und mir mal nicht gelingt
Obwohl der Vogel draußen: Geh' weg von ihm singt

Cycle Breaker

Es ist schwer, Cycle Breaker zu sein
Die Traumata fallen immer wieder ein
Und darin genau liegt eine Kunst
Einmal verkackt und weg ist die Gunst
Nein, ich sehe nicht nachtragend aus
Doch was Du sagst geht rein und wieder raus
Bei dem, was lief, kommt mir der Graus
Warum lässt Du bei Deinen Eltern Dein Kind
Obwohl diese gewalttätig sind
Warum willst Du Geld für Sitter sparen
Obwohl sie so grausam waren
Gottlos Dein Schicksal zur Ausrede gemacht
Und Unheil über das Kind gebracht
Gottlos junge Schöpfung geschändet
Und als Abfalleimer verwendet
Du hast nicht darauf gehört
Und nun damit zerstört
Dir wird hiermit zur Last gelegt
Denn Du hast es nicht gepflegt
Cycle Breaker zu sein
Geh' nach Hause und pack' ein

Betrogen

Betrogen, belogen von Vorgenerationen
Spitze Worte, die um die Ohren flogen
Schön gepflegt und gepflogen
Mich als Seele wie magisch zu sich hochgezogen
Blockaden wie Maden, die mich hindurch tragen
Die Tugend der Jugend ging mir verloren
Manche fühlen sich oben nicht geborgen
Dinge in mir, die sich die Wege durchbohrten
Dinge, die zwischen Kohorten rumorten
Das Schicksal wählen aus zweihundert Sorten
Ich öffne Tore und Pforten
Erst wenn Türen ihnen die Hälse abschnüren
Wirst Du es endlich spüren

Weggedrückt

Jedes Mal werden alte Dinge fragen
Sie ziehen mich regelrecht am Kragen
Ich dachte, ich hätte es weggedrückt
Doch es kam wieder zu mir zurück
Ich meinte, ich hätte Wege gefunden
Ich meinte, Neues für mich zu erkunden
Ich sagte, jetzt bin ich unverwundbar
Doch muss dran denken, wie es war
Es ist so lieblich hier alleine
Alte Muster sind halt meine

Der Erzeuger

Er konnte keine Gefühle zeigen
Geschweige denn mir selbst zu schreiben
Er sagte: Das schaffen wir nicht
Und ließ sein krankes Kind im Stich
Er konnte nicht stehen
Deshalb musste er gehen
Wahrscheinlich ist er innen kahl
Wahrscheinlich fühlt er nicht einmal

Er zahlt Geld
Mehr aber nicht
Gut für meine Bildung
Schlecht für sein Gesicht

Wenn Du mich irgendwann zufällig siehst
Sieh' zu dass Du Dich verziehst
Egal an welchem Ort
Verzieh' Dich sofort

Verzeihe mir mein Wort
Wenn ich es sage
Doch das ist alles
Was ich für Dich übrig habe

Der rechte Vater

Als sie mit links schrieb
Wechselte er ihre Hand
Er schrie: Ich rede an die Wand!
Du bist mir viel zu links
Und aus Deinem Zimmer stinkt's
Ich will nicht, dass Du einen Freund hast
Oder dass Du in der Schule verpasst
Ich will nicht, dass Du Schminke trägst
Und wenn Du mich nach dem Grund fragst
Lüge ich und sage, es sei unnötig
Wenn ich meinem kranken Sohn
Sagen will, dass ich ihn mag
Versichere ich ihm:
Ich bezahle auch den Sarg
Auch eine Sache, die er nie vergisst
Ihr zu sagen, dass er gern hätte
Dass sie mehr wie Britta ist

Der verwirrte Vater

Nur sein Nachname klang gut
Doch Sie wollen nicht spüren sein schreckliches Blut
Keiner wollt' wissen, welch Übel er tut
Eigentlich war er ein Kumpel für mich
Doch wehe etwas fiel schwer ins Gewicht
Dann zeigte er sein zweites Gesicht
Und griff zum Schirm, der Bösewicht
Emotional intelligent war er nicht
Er durfte nicht lernen und wurde Schreiner
Dann schrie er mich an: Dich will doch keiner!
So wurden die, die in Kriege geschickt wurden
Er pflegte Hass gegen Juden und Kurden
Ihm will ich nie mehr begegnen
Das Zeitliche soll ewig segnen

Der inhumane Bruder

Ich kann nicht länger mit ansehen
Wie die Syrer unsren Alten nehmen
Wie es ihnen in Deutschland gefällt
Doch sie leben von meinem Steuergeld
Wir sind hier wirklich in Nöten
Die nehmen meine Steuerkröten
Die, die unsre Mädchen töten
Guck' mal diesen Assi hier
Der trinkt schon um halb drei sein Bier

Bruder, was Du bloß vergisst
Dass jeder Mensch gleich würdig ist

Die Ehefrau

Ihr Aussehen ist zwar nicht perfekt
Sie ist vielleicht ganz nett fürs Bett
Ein Model ist sie wahrlich nicht
Ich hab's getan; ich musste schlicht
Keine andre war in Sicht
Sie ist für mich bloß Marionette
Einfach eine kleine Klette
Bin ewig bloß allein geschwommen
Hab' keine andre abbekommen
Hauptsache Mama ist mir wohlgesonnen

Ja

Wart' ab; ich werd' Dich schon noch kriegen
Und Du wirst Dich in mich verlieben
Zwanzig Kinder von mir kriegen
Haus, Hof und Bildung verlieren
Bis dahin bin ich niemals still
Weil ich Dich jetzt heiraten will
Ich sehe zu, dass Du zustande bringst
Auch wenn Du Dich bloß dazu zwingst
Ich bin niemand von den Coolen
Und werde so lang um Dich buhlen
Ich tue das, weil ich nur kann
Ich sage Dir, wie, wo und wann
Und wirst Du mich verletzen
Wird es schnell was setzen
Du wirst nun ja zu mir sagen
Niemand wird je nach Dir fragen

Was toxisch klingt, ist Realität
Hüte Dich, sonst ist es zu spät

Schlechte Ideen

Sie dachte, mit dem Baby
Könne sie ihn an sich binden
Doch Glück wurde sie niemals finden
Bei dem Gedanken kommt mir der Graus
Kluges Vorgehen sieht anders aus
Sie dachte: Schwanger heiraten wird toll
Doch nur Rechtsanwälte freuten sich voll

Traue nicht, wie er Dir schien
Ist er nicht treu, bloß weg mit ihm
Wenn er nicht standhaft bei Dir steht
Sieh' bloß zu, dass er geht
Wenn er zwischen zwei nicht entscheiden kann
Ab auf den Sperrmüll diesen Mann
Wenn er anfängt, Dich zu schlagen
Brauche ich Dir nicht zu sagen
Dass Du dringend gehen musst
Ich hoffe, das war Dir bewusst
Wenn er nicht standhaft bei Dir ist
Sieh' zu, dass Du ihn vergisst

Wegen eines Typen

Es gibt Dinge
Die sollst Du wegen des Typen nicht machen
Dazu zählt umziehen und lauter so Sachen
Hör' gut zu, mein Kind, wenn ich Dir sage
Ändere für keinen Deine Lage
Glaube mir: Du bist nicht die Seine
Zum Schluss putzt Du und er kriegt das Feine
Zum Schluss lässt Du Dich operieren
Am Ende wirst Du nur verlieren
Die Hochzeit fällt schwer ins Gewicht
Bis er Deine Seele bricht
Für mich riecht das nach getrocknetem Blut
Ihm bist Du nie gut genug
Ich sehe sie kommen: die Misere
Dich zu warnen war mir die Ehre
Ich sagte erst Hochzeit; dann die Kinder
Doch von Liebe wird man nur blinder
Kein Mann der Welt wird es wert sein
Auch nicht für Geld; auch nicht zum Schein
Mache diesen Fehler nicht
Sonst ist kein Leben mehr in Sicht

Dichtung

Unterlasse bitte üble Phrasen
Ich krieg' sonst Herzklappenmetastasen
Weil ich sonst gleich das Tuch schmeiße
Und nicht wüsste, wie ich heiße
So hab' ich nicht nur einen Namen
Sondern auch sicheren Rahmen
Ich will nicht nur nach Altem kramen
So anstrengend es auch ist
Reime, die Du nie vergisst
Auch wenn ich nur dieses umreisse
Alles andere wird sonst scheiße
Ich hab' nur diesen einen Schimmer
Alles andere wird sonst schlimmer
Ansteckend unweigerlich
Manchmal ärgert Dichtung mich
Obwohl ich mich am Papier schneide
Und mich an so manch Reim reibe
Während ich mein Zeug aufschreibe
Deshalb stieg ich um aufs Mobiltelefon
Wer kann schon gut dichten?!
Sag', wer kann das schon?!
Ich hab' mich mit Dichterei infiziert
Aus diesem Grund wurde es konfisziert

Dichten

Sag' mal, ist bei Dir noch alles dicht?!
Nein, bei mir sicherlich nicht
Sie haben mich nicht dichtend
Aus der Vagina meiner Mutter gezogen
Es brauchte viel Übung ungelogen
Erst viel Übung hat mich bewogen
Und endlich das Niveau gehoben
Wort und Satz in sich verwoben
Sie hat mich nicht mit Reimen im Kopf
Zur Welt gebracht
Ich habe mich wiederholt
Und Wiederholungen gemacht
Sie haben mich nicht schreibend
Hier auf die Erde gelassen
Für Kunst muss man leiden
Kunst könnte man hassen
Ich kam nicht mit der Sprache zur Welt
Ich hab' mich erst hinten angestellt

Dichterei

Ich hab' niemals Langeweile
Weil ich an Dichterei leide
Nach jedem Buch fühl' ich mich leer
Doch Neues zu schreiben fällt mir nicht schwer
Die andern wollen Plätzen backen
Oder die Geschenke packen
Sie hüten sich, Bücher zu kaufen
Und gehen lieber Liter saufen
Es ist eine Frage von Sekunden
Bis sie meine Sätze aufrunden
Wenn ich sie mit meiner Affenexpertise
Nach und nach einfach abschieße
Oder vielleicht auch nur begieße
Die nächste Dusche ist nicht in Sicht
Wer Dichtung schreibt, der trödelt nicht

Das sensible Gedicht

Heute bin ich aufgestanden
Und hatte einen Gedanken
Was mein Kater heute frisst
Und dass mein Gedicht sensibel ist
Würde ich es nach außen drängen
Und in eine Richtung zwängen
Würde es schnell wütend werden
Und sich rasch vor mir verbergen
Dränge es nicht in eine Richtung
Sonst bräuchte ich noch eine Schlichtung
Mein Hirn hört nicht auf, in Reimen zu denken
Ich muss ihnen was zum Lesen schenken
Sei' nicht schüchtern, liebes Gedicht
Ich weiß: Gefühle hast Du nicht
Den anderen würd' ich's nicht gönnen
Mein Gedicht muss fliegen können

Ich bin ein Dichter

Ich bin Dichter mit Leib und Seele
Weil ich mich immer von Wort zu Wort quäle
Ich hab' den Kopf immer randvoll
Ich kann Wortspiel, Reim und Rock 'n Roll
Ich hab' kein Geld, aber einen Kater
Ich bin nicht wie Makler oder Bankberater
Papier und Stift hat Gott gegeben
Mein Verstand ist mir ein Segen
Ein Dichter, wie es im Buche steht
Wie er drinnen dichtend im Kreis rumgeht
Und ich markiere meine Dichtungsreviere
Indem ich auf sie masturbiere
Bestimmte Regeln gelten für mich nicht
Ich dichte bis hinauf ins Licht
Wie ein Künstler sauf' ich Sekt und Wein
In die Poetry Szene gleite ich rein
Nachher geht es vors Gericht
Kein Dichter stiehlt mir mein Gedicht
Hab' Dichterinnen den Kopf verdreht
Der Richter sagt: Es ist zu spät

Annas Poeme

Annas Poeme sollst Du nicht kritisieren
Sonst wirst Du gleich sofort verlieren
Lass' Das Anna bloß alleine
Ahme nicht nach ihre Reime
Keine Kritik sollst Du ihr nennen
Sonst wirst Du in der Unterwelt flennen
Wehe sie wird dafür ausgelacht
Dann wird ein Fluch für Dich gemacht
Das Anna verarscht Du lieber nicht
Weil sonst Deine Decke zusammenbricht

Am Start

Mein Kopf hat wieder was am Start
Nächstes Buch ist schon in Sicht
Ob's gut wird weiß ich noch nicht
Sie sagen: Was auch immer ist
Du bist gut so wie Du bist
Und ich hab' nur ein Buch geschrieben
Das Du wieder vergisst
Oder irre ich mich sehr
Und es bedeutet Dir doch mehr
Vielleicht irre ich mich doch
Und es füllt ein gewisses Loch

Bücherwurm

Ich hab' in hundert Bücher geguckt
Und mich an fünfzig Geschichten verschluckt
Wenn Du ein Buch kaufst, musst Du es lesen
Sonst wäre es ja umsonst gewesen
Gestern hab' ich Bücherläden überfallen
Autoren werden Fäuste ballen
Manche Bücher haben lange Krallen
Nach manchen fang' ich an zu lallen
Hab' irgendwann angefangen zu lesen
Sofort begeistert davon gewesen
Bücher will ich nur noch ehren
Geschichten kann ich nicht entbehren

Ode an die Sprache

Mit der Sprache können Sie
Die geilsten Sachen machen
Sie können betonen, verschlucken
Und Feuer entfachen
Sie können sich distanzieren
Sich in ihr verlieren
Und mit ihr neue Bücher kreieren
Er drückt genau aus, was er fühlt
Denn seine Sprache hat ihn verführt
Ich artikuliere, was ich fühle
Weil ich die Sprache neben mir spüre
Wenn Sie sie nicht mögen
Kann sie Sie zurück hassen
Wie sie das tut kann ich in Worte nicht fassen
Mit Sprache können Sie keine Kinder kriegen
Aber Sie können sich wie ich in sie verlieben

Welche Sprache

Das Gerundium schwer auf meinem Rücken
Abkürzungen werden mich entzücken
Mach's nicht noch mehr kompliziert
Schüler spricht; Lehrkraft dirigiert
Die Zeiten fliegen rum zerfetzt
Ich hoffe es ist Ruhe jetzt
Die Luft im Zimmer ist zu schwül
Ihr Sohn hat fast kein Sprachgefühl
Konditionen liebe ich offensichtlich
Über welche Sprache spreche ich?

Rohdiamant

Du bist kein vollendeter Diamant
Du musst ihn schon noch schleifen
Dabei bloß nicht vom Weg abkommen
Gedanklich nicht abschweifen
Immer schön bei der Sache bleiben
Zähne zusammenbeißen
Keine faulen Ausreden bedienen
Ab in die Diamantenschleifmaschinen
Du bist kein Endprodukt
Sondern eine Vorstufe
Laut werden nach Vollendung
Und Perfektion die Rufe

Gute Kunst

Mir ist, als müsste für Kunst gelitten werden
Und zwar genau Tausendundeine Beschwerden
Manchmal werden Menschen sterben
Durch Suizid und Drohgebärden
Mir ist, als würde meine Schwester sprechen
Und sich mein letztes Leben rächen
Egal ob Dichtung, Schauspiel oder Musik
Es hält mich hoch, sodass ich flieg'
Recht hat, wer Recht behält
Aufrecht steht, wer nicht zerfällt
Dumm bleibt, wer nie Fragen stellt

Krieg gegen Künstler

Ich mache Deine Kunst, Deine Bücher und Musik
Und Du führst gegen mich den gottlosen Krieg
Ich bin nicht eine unter vielen
Werde heute Abend nicht gratis für Dich spielen
Stündest Du an meiner Stelle
Fändest Du's auch schwer
Doch Dein Leben wäre leer
Wenn ich nicht hier wär'
Es ist ein Krieg gegen Künstler
Den die Menschheit führt
Und jeder dachte sich:
Hauptsache, ich bin nicht berührt
Hauptsache, ich muss nichts bezahlen
Während sie Film und Musik stahlen
Es ist ein Krieg gegen Künstler
Den die Menschheit führt
Bis irgendjemand irgendwann
Zweifel daran schürt
Es ist die Wertbeimessungsstörung
Die unser System plagt
Doch ich schöpfe Hoffnung in das Neue
Jede Nacht und jeden Tag
Statt Bildung zahlen sie Kriege und Waffen
Während in den Herzen große Spalten klaffen
Es ist die Wertbeimessungsstörug
Die unser System plagt
Und wehe da ist jemand, der etwas Böses sagt
Ich weiß, dass die Welt den Wert der Kunst vergisst
Das ist der Grund, warum jeder gemein zu uns ist

Rainer Maria Rilke

Der Panther konnt' nicht frei sein
Der Sommer war nicht klein
Das waren Tage Michelangelo's
Im Karussell fühl' ich den Windstoß
Das waren wunderweisse Nächte
Und wenn ich an des Armen Haus dächte
Ausgesetzt auf den Bergen
Die Flamingos werden vor mir sterben
Als jemand dann zur Frucht erweckte
Erkannte ich, dass Karl Graf dahinter steckte
Wenn die Frucht dann endlich reif ist
Anna weiß nicht, wie man vermissen misst
Du Dunkelheit willst mich beehren
Nicht Geist, nicht Inbrunst will ich entbehren
Damit ich nicht war vor einer Weile
Schreib' ich jetzt noch eine Zeile
Rückmeldung soll ich geben
Einblick in meine Sicht
Doch nur wenn Du es nicht wirklich liebst
Schreibst Du lieber nicht

Kafka

Das Leben ist ein Fastnachtsball
Sie tragen Masken überall
Geschämt hab ich mich zum Mond hin
Weil nur ich ohne Maske bin
Ich will lieber drinnen bleiben
Und über den Prozess hin schreiben
Dein Fundament ist nicht größer
Als Deine Füße Boden bedecken
Man kann das Gute in gewissem Sinne nicht wecken
Du wirst erst frei, wenn Du kein Halt mehr bist
Bedenke, dass Wahrheit stets unteilbar ist
Sie haben die Lüge zur Weltordnung gemacht
Und über den Wunsch zu sterben gelacht

Anna Engel

Gott, der für Freiheit zur Seite trat
Hör' gut zu, wenn ich Dir sag'
Ein Gedicht, das verloren ging
Ein Hals, der an einem Strick hing
Will mit Dir begraben sein
Denn ohne Dich ist auch der Tod doof
Nur ein Grab auf einem kleinen Friedhof
Traumlos noch einen letzten Cortisonstoß
Die Scheißkältentage werden nicht fragen
Kleider im März werden getragen

Pac

Ich bin bekannt
Und sitze im Knast

„Frischfleisch hier?!"
„Hab' ich was verpasst?!"

Sag' mir erst:
Hasst Du Dich selbst?!
Oder hast Du Angst
Sodass Du Dich selbst
Nicht im Spiegel sehen kannst?!

Und da ein Mann
Nicht schwanger werden kann
Hat er kein Recht
Ihr vorzuschreiben wo und wann

Anonymous

Niemand kennt hier keinerlei
Die Straße bleibt von Grüßen frei
Der Asphalt hat nach Ignoranz gerochen
Wenn Wünsche gegen Wände pochen
Wann hab' ich zuletzt gesprochen
Es interessiert keinen, wenn Du flennst
Weil Du ohnehin keinen kennst
Keine Sau interessiert sich für Deinen Stall
Meinte er Dich? Nein, es war Zufall!
Ich möchte mit Ihnen streiten
Halten Sie sich an Ruhezeiten!
Meinen Erzeuger sieze ich
Zwischenmenschlich läuft's für mich herrlich
Ach, sie hat doch ein Bedürfnis?!
Just kidding; von wegen
Nicht jedes Wort auf die Goldwaage legen

Mobbing

Solche Strategie sah ich noch nie
Der Dreck tut nicht gut
Ich hab' Verzweiflung im Blut
Später haben sie abgestritten
Sie haben Grenzen überschritten
Wegen ihnen hab' ich gelitten
Welcher Teufel hat sie geritten?!
Was ist nur in sie gefahren?!
Was hab' ich ihnen angetan?!
Vertrauen konnte ich nicht aufbauen
Musste selbst nach Dingen schauen
Angst, Lügen, Hass und Frust
Alles, was Du wissen musst

Das Haus in mir

Da ist ein Haus in Dir
Dessen Schlüssel Du verloren hast
Ein alter Teil in mir
Der doch gern lacht
Ein Ziegelstein hat es mir
Einfach so kaputt gemacht
Deshalb ist das Haus in mir
In sich zusammen gekracht
Das Lachen einfach zugeschüttet
Die Fenster allzu sehr zerrüttet
Papa wird's schon wieder bauen
Er muss bloß noch schnell Fußball schauen

Dear friend

Weil mich die Sonne nicht mehr wärmt
Alte Zeiten sind viel Wert
Jetzt ist es Zeit, die mir erklärt
Und die Seele, die mir lehrt
Nur ein Zutritt war verwehrt
Ehe sie den Rücken kehrt
Ich wünschte, dass Du schwerer wärst
Weil in mir nun Leere herrscht
Wie kann ich mit Würde tragen
Was mir Würde nimmt
Kannst Du mir dann sagen
Wie frei wir in Zukunft sind?!

Fundhund

Gefletschte Zähne hatte der Fundhund
Er biss ihnen die Hände wund
Tränen taten sich kund
Kot im Garten liess man warten
Von Schmerzen im Herzen durchtränkt
Im Betonblock ins Eck gedrängt
Damals illegal im Sack verschenkt
Die Halter kannten keine Grenzen
Für sie gab's keine Konsequenzen
Abgemagert Rippen überwunden
Vernachlässigt im Schmerz gefunden
Letztendlich kam der Hundschwund

Hungrig

Ich bin hungrig nach Liebe, Freude und Lust
Stattdessen nur Krankheit und Lebensüberdruss
Ich funktionierte und studierte
Mehr aber auch nicht
Einen Tag, den fürchte ich
An dem die Wahrheit kommt ans Licht
Ich bin hungrig nach Liebe, Freude und Lust
Stattdessen nur Hass, Gewalt und Frust

Ein Licht, auf das ich nun zugehe
Ehe ich im Leeren stehe
Meine Hand griff nicht schwer
Bloß immer blieb sie leer
Und ich bring' mich um
Und sehe kein Licht
Denn wahre Liebe
Gibt es nicht

Alpträume

Ich habe erreicht und bin weit gekommen
Ich habe bekommen, was ich mir vorgenommen
Mein Traum wurde endlich wahr
Aber ich sah, dass es doch ein Alptraum war
Worte, die ich hinunter schluckte
Vorstellung, die sich als falsch entpuppte
Träume wie zu leichte Schäume
Die ich aus dem Weg mir räume
Dass es anders kommt, hätte ich nie gedacht
Mein Schicksal hat mich ausgelacht

Wait

Wenn sie nach der Hirnblutung zum ersten Mal steht
Wenn Schimpanse das erste Mal nach draußen geht
Der Vater, der zum Schlag ausholt
Mein Herz, das in der Ecke kohlt
Gerade eben war sie noch bei mir
Jetzt stehe ich hungrig hier
Sie ist doch grad noch da gewesen
Mein Herz ist nun, um langsam zu verwesen
Ich schwöre: Ich hab' sie grad noch gespürt
Ein kleines Schicksal hat mich kurz berührt
Und sie erkennen nicht, dass sie all diese Sachen
Eigentlich gar ohne Lust machen

Schlecht streiten

Stark ist nicht er, der die Schnecke zertritt
Sondern stark ist sie, die danach mit ihm stritt
Und während er auf physisch Schwächeren ritt
Kam es, dass er im Wortgefecht
Zunehmend schlechter abschnitt
Weil er keine schlauen Phrasen wusste
Und auf Schimpfwörter zurückgreifen musste
Weil er nicht über Stilmittel verfügt
Außer vielleicht, wenn er lügt
Wenn beim Wortgefecht sein Gegner wieder lacht
Denk' dran, was Macht mit Sprache macht

Nachbarschaft

Es waren mal zwei Familien
Sie wollten nicht versöhnen
Immer aus dem Fenster schielen
Immer nur dem Schicksal frönen
Der eine lästerte in den höchsten Tönen
Daran kann und will ich mich
Niemals mehr gewöhnen
Wenn er sagt, dass sie nicht könne
Meint er nur, dass er nicht gönne
Ich muss lachen
Wenn sie einander mokieren
Stinkbomben im Garten platzieren

Meine Nachbarin

Da steht sie mit Zigarette
Raubt die Luft, die ich gern hätte
Würde sie weniger rauchen
Würde ich das Fenster nicht brauchen
Würde sie dann noch leichter kochen
Hätte sie bestimmt nicht gerochen
Am liebsten würde ich Wände durchbeissen
Und ihr Zimmer mit dem Besen umkreisen
Ihr Auszug reisst in mein Herz ein Loch
Meine Nachbarin - Ich lieb' sie doch!

Die Boomer

„Warum glättet der Junge sein Haar?"
Sie.
„Ach, das ist dieses Transgender da!"
„Sie tut sich halt schwer mit Akzeptanz."
Dafür hab' ich keine Toleranz
Zwischen Boomern und mir eine große Spaltung
Wir pfeifen auf eure teils eintönige Haltung
„Wann heiratest Du?" und andere Fragen
Können wir nicht mehr ertragen
„Ihr wollt nicht arbeiten und Influencer sein!"
Nein, wir fallen bloß nicht drauf rein
Das, auf was ihr euch eingelassen habt
Hat euch fast den Kopf abgehackt
Ein Video hatte einst aufgeklärt
Doch der Dialog wurde abgewehrt
Ich möchte niemanden niedermachen
Manchmal bringt ein Boomer mich zum Lachen
Denn sie sind so sehr empört
Dass Daß zur alten Rechtschreibung gehört
Schön wäre es, würden Boomer mit uns stehen
Und die Dinge etwas realistischer sehen
Ingrid, Renate, Wolfgang und co.
Lieben mich jetzt schon sowieso

Die Älteren

Auch sie führten das Klima hinters Licht
Verstehen tun sie die Jüngeren nicht
„Wo ist eure Zuversicht?"
Ist nichts, was mir aus der Seele spricht
Weil sie scheinbar nicht vernehmen
Dass wir vor Ruinen stehen
Wir stehen kurz vor Klimakarzinom
Doch wer von ihnen versteht uns schon
„Warum klebt ihr euch auf die Straße?"
Wir stehen kurz vor Fiebermetastase
Cycle Breaker wollten sie nicht sein
Für meinen Tod hab' ich den Freifahrtschein

Untenrum

Mein Rücken würde zu schwer tragen
Mein Gehirn würde Vieles fragen
Meine Hände haben viel geschrieben
Meine Lippen haben nicht geschwiegen
Doch unten bin ich fit geblieben
Frisch und schick sieht sie aus
Doch mir kommt keiner mehr ins Haus
Wenn die Herren vom Seniorentreff
Reihenweise vor mir stehen
Kannst Du ihnen sagen
Sie sollen gleich wieder gehen
Erst machten Männer es mir schwer
Pech gehabt; ich will sie nicht mehr
Männer sind auch überhaupt
Bloß schlecht für meine zarte Haut
Und mit meinen 80 Jahren
Konnte ich das auch erfahren
Ein Mann hat für mich keinen Wert
Vielleicht das mir mal einer kehrt
Aber sonst bin ich ganz schlicht
Und brauche Männer einfach nicht
Ich werde Männer nicht anlügen
Mir wird keiner mehr genügen

Granny Anna spinnt

Granny Anna spinnt wenn sie meint
Dass ihr die Zeit aus den Händen rinnt
Selbst wenn ich sage: Chill mal, alles gut
Ist sie trotzdem auf der Hut
Wenn es nicht Zeit ist, die uns bleibt
Sind uns Sorgen einverleibt
Aber Anna, Du hast doch selbst gesagt
Zeit ist ein Konstrukt und es wurde vertagt
Jetzt sitzt sie da mit einer Klatsche an der Hand
Ohne Uhr an der Wand
Denn ehe sie es sagte, hat sie abgedankt

Ich bin ein guter Freund

Ich habe Deinen Anruf verpasst
Und Dich insgeheim gehasst
Ich habe Deine Würde verletzt
Dich beim letzten Date versetzt
Bin mit anderen zum Saufen
Deine Tasche würd' ich nie kaufen
Briefe hab' ich zurückgesandt
Vor Deiner Mutter weggerannt
Ich hab' Dich sogar „Spast" genannt
Nicht zu Deinem Geburtstag gegangen
Hab' lieber mit anderen gehangen

Was die Leute meinen

Dir soll egal sein
Was die Leute von Dir meinen
Denn sie sind selbst nicht
Ganz mit sich im Reinen
Dir soll egal sein
Was die Leute von Dir halten
Bei ihnen bleibt auch alles beim Alten
Dir soll egal sein
Was die Leute von Dir denken
Sie würden Dir nicht einmal
Reinen Wein einschenken
Dir soll egal sein
Was die Leute hinter Dir flüstern
Sei Du selbst; sei nicht schüchtern
Dir soll egal sein, was sie von Dir denken
Die Meinung anderer kannst Du Dir schenken

Toxic masculinity

Ich soll für vier Personen verdienen
Mit den Armen trag' ich Maschinen
Doch ich weiß nicht, wer ich wirklich bin
Ich weiß nicht: Wo mit Gefühlen hin
Manchmal macht alles keinen Sinn
Weil ich hinter all dem Verdruss
Ständig immer stark bleiben muss
Man sagt, über sieben Brücken muss man gehen
Doch ich will nicht länger auf diese Art stehen
Meine Worte werden hallen
Systeme werden zusammenfallen
Wer stark ist, wird verzichten zu rächen
Wer stark ist, wird darüber sprechen

Dickpic

Ich bin ein echter Mann
Weil ich Dickpics machen kann
Jede Frau will die Fotos sehen
Niemand wird mir widerstehen

An Reaktionen mit Wut und Ungeduld
Sind immer bloß die Frauen Schuld

Ich sende sie, ohne dass ich frage
Weil ich kein Selbstwertgefühl habe

Sie sollen sehen, wie ich den Schwanz pflege
Ich bin immer der Beste im Gehege

Ich werde ihr meine Fotos schicken
Ich weiß besser, wie Frauen ticken
Sie wird dann hundertmal drauf klicken

„Hör auf damit, das hat mich verletzt!"
Nein doch, ich brauchte das wirklich jetzt!

(Mit bestem Dank an Franka B.
für die freundliche Inspiration)

Body & Soul

Der Teufel sie schon wieder ritt
Den Nagel viel zu kurz sie schnitt
Die Haare hat's mir aufgestellt
Die Zähne waren aufgehellt
Das Kopfhaar nach hinten gegelt
Schönheit war hier weit verfehlt
Theoretisch war es denkbar
Dass es auch der Honig war
Und von ihrer Hormonersatztherapie
Nahm sie lieber nicht zu viel
Weil Spuren davon ins Meer geleitet werden
Und dadurch Fische schließlich sterben

Der Untermensch

Ich bin unterzuckert
Und Dichterei hab' ich auch
Ich leide an Cobain's Disease
Und hab' Zysten im Bauch
Meine Beine, die nur hinken
Bin betrunken, ohne zu trinken
Kniescheibe schwabbelt im Bein
Lorazepam bestimmt mein Sein
Ich bin übersäuert
Ich hab' Azidose
Liege dreimal im Koma
Und brauch' Antibiose

The Body Poem

Kniescheibe schwabbelt im Bein
Die Zigarette muss auch sein
Meiner Bandscheibe fiel grad ein
Sie will doch lieber draußen bleiben
Medikamente sind al dente
Ich scheiß' auf meine Rente
Um meine Zähne steht es schlecht bestellt
Ich pass' auf, dass das Kiefer nicht einfällt
Gelb-grün meine Hautfarbe
Im Gesicht die kleine Narbe
Was für eine Drecksarkade
Das Sesambein gebrochen
Nach viel Parfüm gerochen
Piercer hat mir in die Nase gestochen

Nachttopf

Drei Liter er getragen
Wie und was
Willst Du nicht fragen
Ich will es Dir
Auch gar nicht sagen
Plötzlich hat er Risse bekommen
Drei Liter sind entronnen
Mit Putzen hab' ich schon begonnen
Die Pläne, die ich heut' gesponnen
Sind in sich zusammengekracht
Mein Bruder hat mich auf der Stelle
Leider schändlich ausgelacht

Nasszone

Bist Du auch im Club derer
Die zum Pinkeln in die Dusche gehen
Die, wenn sie mal das WC nutzen, immer stehen
Bist Du auch im Club derer gelandet
Bei denen der Finger im Nasenloch strandet
Trinkst Du dann die Popel auch noch mit Bier
Gehörst Du wirklich zu mir
Isst Du auch gerne ausgeschiedene Sachen
Über Fäkalien kann ich nur müde lachen
Mich zu waschen meide ich auch
Die Haut geht durch die Seife drauf
Keine Kommentare über die Haare
Nur wenn ich zu Dir fahre
Wasch' ich sie und spare
Ich schwitze, tropfe, klebe und ich triefe
Ich rülpse, furze, huste und ich schniefe

Unwohl

Egal, wie sehr sie sich bewegen
Meine Beine geben mir keinen Segen
Bis morgen wird's sich schon wieder legen
Ich fühl' mich unwohl
Denn sie konnten Punkte widerlegen
Sie haben gewunken
Doch ich hab' gestunken
Wäre am liebsten im Abgrund versunken
Aber sie gingen schlecht mit mir um
Sagten, ich hätte Infekte
Dabei gehörten sie alle zur selben Sekte
Ich sah die Prospekte, was ihnen nicht schmeckte
Ich würde am liebsten alles ungeschrieben machen
Doch dafür kenn' ich mich aus zwischen den Sachen

Gedanken wälzen

Gedanken wälzen hin und her
Walzer tanzen ist nicht schwer
Gedanken wälzen her und hin
Gedanken wälzen macht viel Sinn
Mein Bett dreht sich mit mir im Kreis
Die Decke riecht nach kaltem Schweiß
Licht an; Licht aus; Licht aus; Licht an
Weil ich niemals schlafen kann
Plötzlich quietscht mein Bettgestell
Auf einmal ist es wieder hell

Digga

Digga, bagger' mich nicht an
Brauch' Dich nicht, weil ich kann
Dogge, schmuggel' Dich nicht durch
Weil die Schnegge Wege sucht
Du wirst schon guggen, wenn sie lacht
Und sich dann vom Agger macht
Wenn Deine Soggen Löcher haben
Flickt Dein Vadder sie zusammen
Und wenn das Wedder scheiße ist
Make sure, dass Du Dich verpisst
Von mir aus bleibst Du aggro steh'n
Kannst später Runden joggen geh'n

Baby in der Bahn

Ich hab' heute in der Bahn ein Baby gesehen
Einfach in der Bahn morgens um halb zehn
Ich wollt' eigentlich grad in die Uni gehen
Doch keiner konnte dem süßen Ding widerstehen
So ein Baby in der Bahn sah ich noch nie
Ich mochte es, bis es anfing und schrie
Babys in der Bahn können nicht alleine fahren
Wenn die Mutter es stillt sollt ihr Kommentare sparen
Guck' das Baby nicht an, denn ich weiß, dass ihr wisst
Die Mutter weiß immer, was am besten für sie ist

Drauf schmeissen

Nur die Harten kommen in den Garten
Ich könnte nicht noch länger warten
Sodass der Fahrer Durchsagen macht
Und der ganze Wagen lacht
Der Geruch von Schweiß und Deodorant
Lebensmüde allerhand
Gerade noch so anerkannt
Üble Tricks schnell angewandt
Die Durchsage hab' ich gehört
Mein Frieden war sofort zerstört
Ich hab' mich grad noch drauf geschmissen
Jetzt plagt mich so sehr mein Gewissen

Öffischlaf

Das Anna ist etwas
Das gern im Zug pennt
Mit leicht geöffneten Augen
Während die Zunge raus hängt
Auf seinen Öffischlaf
Will es nicht verzichten
Kontrolleure hassen Das Anna
Und wollten es vergiften
Einmal sagte Das Anna im Halbschlaf:
Hör' zu, meine Schwester
Mit Maske im Gesicht gefällst Du mir besser
Ein anderer Fahrgast sah Das Annas Zunge
Und fragte: Was hast Du eingeworfen, mein Junge
Geht es Ihnen gut; soll ich den Arzt rufen
Nein danke, ich schlafe nachts nicht durch
Ich schlafe in Stufen
Ich brauch' halt einfach meinen U-Bahn Schlaf
Auch wenn das bedeutet
Dass ich mal nicht mehr mitfahren darf

Manchmal denke ich darüber nach
Wie schön diese Geschichte wär'
Doch dann fällt mir wieder ein:
Schlafen kann ich ja nicht mehr

Alte Seelen

Die Geistige Welt
Sieht bei alten Seelen rot
Alte Seelen sind dort toter als tot
Alte Seelen kriegen Notquotenverbot

Nicht doch, ich mach' bloß Witze
Hier war mir zu kalt
Hab' mir deshalb den Tod geholt
Mit dem Zeitgeist
Ich werd' zum Geist, der bleibt
Nur dann einverleibt solang' er schreibt

Die alte Seele

Es war mal eine Seele
Die war schon hochbetagt
Und ehe ich nachzählte
Hab' ich sie kurz gefragt:
Ich traue mich fast nicht zu sagen
Will es aber dennoch wagen
Hast Du schon vieles Inhaliert?!
Ja, bin schon mehrfach inkarniert
Und die junge Seele wurde auf frischer Tat ertappt
Wie sie von der alten Seele Gedanken aufschnappt

Die Hygiene meiner Seele

Die Hygiene meiner Seele
Leidet wie die Hyäne
Nur ein Satz, der mich nicht quäle
Über riesengroße Säle
Auf dem Berg voll Sägespäne
Sodass ich sogar erwähne
Wie ich Herzensschmerz bezähme
Während ich zu viel erzähle
Die Zeit bis ich mich vermähle
Dass ich mich nach Liebe sehne

Tod?

Tod?
Ich glaube nicht an den Tod
Denn ich bin hier
Und sehe Blau, Schwarz, Rot
Sie glauben mir nicht, wenn ich sage
Dass es Tod nicht gibt
Bitte die nächste Frage
Der Tod ist bloß des Menschlein Konstrukt
Am Leben hab' ich mich verschluckt
Ich glaube nicht an Tod
Weil es ihn nicht geben kann
Wer braucht schon dieses Leben
Wer hängt denn schon daran
Ich werde nicht vermissen
Du kannst mir nichts anhaben
Doch offen bleiben viele Fragen
Du kannst mir nichts anhaben
Und hast den Anschluss verpennt
Du bist selbst bloß ein Menschlein
Das egoistisch am Leben hängt

Tot

Und die Moral von der Geschicht'
Mit dem Tod verlierst Du nicht
Würde man mich fragen
Haben sie dann zu beklagen
Solange noch die Herzen schlagen
Trotzdem kommst Du nicht drum herum
Auch hier richtig zu tun
Und nach bestem Gewissen zu handeln
Der Zeitgeist wird sich wandeln
Ja, die Zeiten werden sich ändern
Sogar noch während wir schlendern

Überraschung

Gott dachte, er könne mich überraschen
Doch als ich kam, konnte er's kaum fassen
Meine Seele erklingt nun in anderem Ton
Denn ich kenn' das ja alles schon
Anna, Du hast eigentlich eine Schwester
Ich weiß, Junge, ich wusste es besser
Sie ist tot; wo ist sie hin?!
Was ist, wenn ich jetzt selbst deren Gott bin?!
Sie schwärmten vom Geist mit Happy End
Doch was, wenn Granny Anna schon alles kennt?!
„Ich bin hier, weil ich nach wahrer Liebe suche."
Schade, die schlägt hier auch nicht so zu Buche

Seelen entlarven

Es tut mir leid, dass ich euch entlarvt habe
Ich reagierte nur auf eine simple Frage
Es tut mir leid, dass ich euch entlarven musste
Erzählte Dinge, von denen ich schon zuvor wusste
Es war ein Fehler; ich hätte nicht erzählen sollen
Denn sie fragen weiter, weil sie mehr wissen wollen
Lieber schweigen wäre die Devise
Und ich stürze in die Krise
Weil sie bei umgekehrten Fragen
Mir nichts mehr zu sagen haben
Vielleicht rächen die Seelen sich
Deshalb entschuldige ich mich
Denn ich will nicht noch kränker werden
Und an Unterzucker sterben
Ich mache es, wie ihr befohlen
Ich schwöre:
Ich werde es nicht wiederholen
Noch ist es nicht zu spät für Sitten
Und um Vergebung hier zu bitten
Wenn ihr wollt, kann ich auch dafür büßen
Und damit die Moral versüßen
Ich wollte nur in Frieden leben
Und euch die Würde zurückgeben

Über Verstorbene

Die Toten können nur gut schlafen
Weil sie sich da oben trafen
Über Verstorbene sollst Du nicht sprechen
Sie würden sich zwar nicht mehr rächen
Dennoch würde Vertrauen brechen
Denn sie werden Dir zuhören
Und sich vielleicht daran stören
Über Tote sollst Du nicht reden
Auch keine Kontakte pflegen
Sie sehen alles dann als Seelen
Tote sollst Du bloß nicht necken
Auch nicht über sechzig Ecken
Du sollst nicht über sie schreiben
Oder Dich gar dran reiben
Dein Wort fällt hiermit ins Gewicht
Aufklärung ist meine Pflicht
Denn über Tote spricht man nicht

Tausend tote Tanten (Kater Karl)
(Zimt) (Eine Fortsetzung)

Tausend tote Tanten trauern tief im Verlies
Weil ihr Kater Karl gestern Nacht die Welt verließ
Die Tanten, die gar tanzten, die er vom Platz verwies
Auch die Tanten, die nicht dankten
Und in Tränen versanken
Und die, die trinken, winken
Und damit Frohsinn herbeizwingen
Die eine Tante krank; der Gestank allerhand
Da eine tote Tante es mit Stäbchen verband
Das Räucherstäbchen abgebrannt
Eine musste gehen, weil sie in Selbstmitleid versank
Schließlich verliessen sie den Keller
Auch mal irgendwann
Und sorgten dafür, dass Karls Seele aufsteigen kann

Ideen (Zimt) (Eine Fortsetzung)

Einige Ideen pflücke ich vom Baum
Andere wiederum rollen auf mich zu
Wieder anderen jag' ich hinterher
Ideen zu haben ist nicht schwer
Ich bin schwanger und erwarte das Kind
Ich weiß, wie fruchtbar Ideen sind
Ich schreibe sie zur Not auf die Hand
Bis sie durch Wasser wieder verschwand
Manche Ideen gehen mir verloren
Doch die nächste wird sogleich geboren

Geister (Zimt) (Eine Fortsetzung)

Meine Lungen atmen schwer
Bin ewig einfach still gelegen
Und ich versuche zu denken
Doch mein Geist hat eben aufgegeben
Musste schlucken; die Muskeln zucken
Meine Arme machen Mucken
Die Augenlider schwer wie Blei
Schmerzende Glieder; im Kopf frei
Mein Herz stolpert und fällt zugleich
Der Bauch wird hart; bin nicht mehr weich

Brausetablette (Zimt) (Eine Fortsetzung)

Manchmal steh' ich neben mir
Ganz aufgelöst wie 'ne Brausetablette
Manchmal bin ich völlig außer mir
Dann kenn' ich keine Netiquette
Ich bin derzeit nicht mein Selbst
Dann, wenn Du auf Durchzug stellst
Ich störe mich dran, wenn Du Dich legst
Wenn Du Dich nicht vom Fleck bewegst
Wenn Du mit der andren tanzen gehst
Wenn Du auf blond anstatt auf braun stehst

Der seelische Konflikt (Zimt) (Eine Fortsetzung)

Ängste zerreißen meine Seele in Stücke
In meinem Herzen klafft eine große Lücke
Ein Ereignis, das mein Gehirn zerpflückte
Sodass ich aufpasse und gar nicht frage
Weil ich einen Seelenkonflikt in mir trage
Also hör' mir genau zu, wenn ich Dir sage:
Ich bin nicht mehr das schüchterne Mädchen
Ich schreib' mir jetzt frech auf mein Fähnchen
Es war ihr Hintern, den ich allseits leckte
Es reichte ein Wort, das mich hinstreckte
Damit ich den Streit für mich entdeckte

Turner (Cherry) (Eine Fortsetzung)

Keine Kinder? Phänomenal!
Ein bisschen kleiner? Scheißegal!
Meine Monosomie X tut mir nichts
Ich schaffe alles, was ich will
Zu meiner Zeit und ohne Drill
Wenn Leute sagen, ich soll 'n Abgang machen
Kann ich darüber nur müde lachen
Denn ich bin stärker als sieben Sachen
Und meine starken Kolleginnen hier
Stehen auf meiner Seite mit mir
Mein Leben ist so nicht mehr schwer
Nicht auszudenken wer ich ohne Turner wär'

Briefe an mich (Cherry) (Eine Fortsetzung)

Nur er schreibt Briefe an mich
Mit Rückschein versteht sich
Und macht er's nicht mehr
Füllt sich mein Postfach nicht
Nur er will noch mein Handy haben
Natürlich bloß voll aufgeladen
Er nimmt es sich, ohne zu fragen
Nur er kann mich nach Hause fahren
Um neun am Abend, um zu sparen
Natürlich weiß er, wo wir waren

Lüge (Cherry) (Eine Fortsetzung)

Lügst Du aus Liebe?
Oder liebst Du, weil Du lügst?
Und wie fühlt es sich an
Wenn Du Dir nie genügst?
Lebst Du in Liebe?
Oder Lebst Du in Lügen?
Stiftet es in Dir Unfriede
Wenn sie Dich betrügen?
Lügst Du, um zu leben?
Oder lebst Du, um zu lügen?
Tu trinkst dieselbe Brühe
Aus zwei verschiedenen Krügen

Pinkeln (Cherry) (Eine Fortsetzung)

Anna war im Wald und musste dringend aufs Klo
Sie sagte: Mir egal wie und mir egal wo!
Ob zur Eiche, zur Fichte oder doch zur Buche
Sei kurz still; Das Anna ist auf Suche
Pinkeln im Wald desinfiziert die Bäume
Obwohl sie insgeheim von Toiletten träumte
Sie ließ das Wasser während die Meise aufräumte
Da oben ein Specht
Der runtergelassenen Hose ein Knecht
Sie wollte nicht, dass sich jemand einmischt
Und wurde dann doch auf frischer Tat erwischt

Löffel (Cherry) (Eine Fortsetzung)

Tausend Male abgeschleckt
Hundert Male schon verdreckt
Zwanzig Male leicht versteckt
Ich hab' mich durch ihn angesteckt
Denn ich hab' Tröpfchen drauf entdeckt
Am Rost schlussendlich doch verreckt
Sonst immer bloß faul rumgelegen
Kartoffelsuppe hat's gegeben
Ich glaub', da war noch Speichel drauf
Und der Rest nahm seinen Lauf

Der junge Krieger

Mein Junge, gebe gut Acht
Ja, ja, ich hab' das schon gemacht
Nein, Du stürzt Dich ins Verderben
Ach Quatsch, ich werde schon nicht sterben
Du hast bloß kleine Waffen dabei
Na und, das ich doch einerlei
Junge, Du bist echt naiv
Nein, bei mir läuft nichts schief
Gut, ich hab' gewarnt Dich heute
Sei still, die sind mir leichte Beute

(Inspiriert durch A Calendar of Tales - Neil Gaiman)

Der Anhänger meiner Großmutter

Meine Großmutter fand ihren Anhänger nicht mehr
Das ist jetzt über fünfzig Jahr her
Er war an der Kette und war auch nicht schwer
Seitdem lässt die Fantasie uns leer
Und ich denk' dran wie schön es wär'
Mit dem Anhänger und ihr am Meer

Kind, mach' Dir keine Sorgen hier
Ich hab' den Anhänger bei mir
Gestern eben im Sand gefunden
Makellos und nicht geschunden
Mit wahrem Glauben stets verbunden

(Inspiriert durch A Calendar of Tales - Neil Gaiman)

Traum vom Schiff (Anne Bonny)

Mein Vater, der mich als Junge ausgab
Ich finde, dass er nicht schlecht lag
Ich hol' mir nun den Himmel auf Erden
Und möchte selbst Seglerin werden
Mit einem Schiff, das ich mein eigen nenne
Auf hoher See, die ich blind kenne
In der Karibik lieb' ich beliebig
Ich bin die Erste, nicht die Zweite
Mit Mary an meiner Seite
Such' ich auf hoher See das Weite

(Inspiriert durch A Calendar of Tales - Neil Gaiman)

Mein Vater und ich

Mein Dad und ich sahen viele Orte
Unsre Beziehung von besonderer Sorte
Einmal haben wir unverhohlen
Brot aus dem Wirtshaus gestohlen
Wir wussten, weil wir es schon kannten
Es würde sonst im Müllkorb landen
Die Enten aßen es ohne Scham
Weil der Wirt niemals dahinter kam
Wir haben es niemals bereut
Und die Enten hat's gefreut

(Inspiriert durch A Calendar of Tales - Neil Gaiman)

Alles Gute zum Muttertag

Wie konnte die Karte zu mir gelangen
Vielleicht ist mir Schwangerschaft entgangen
Vielleicht habe ich nicht mitbekommen
Oder ein bisschen Drogen genommen
Nein, hör' zu, wenn ich Dir sage
Dass ich keine Kinder habe
Sonst würde ich mich dazu bekennen
Und die Postkarte mein eigen nennen
Weitere Postkarten werde ich erwarten
Dabei macht es doch keinen Sinn
Weil ich die falsche Empfängerin bin

(Inspiriert durch A Calendar of Tales - Neil Gaiman)

Ich bin Susietta

Meine Eltern streiten durchwegs
Egal ob im Haus oder unterwegs
Nicht über Namen können sie einen
Sie würden einander stets verneinen
Ob Susan oder Henrietta
Geht's vielleicht auch etwas netter
Ob Juni, Juli, August, September
Sie streiten über TV-Sender
Im Sommer würd' ich Entschlüsse fassen
Und gern in einen Kühlschrank passen

(Inspiriert durch A Calendar of Tales - Neil Gaiman)

Ein Iglu aus Büchern

Ich habe ein Iglu aus Büchern gebaut
Jedes Buch hat sich angestaut
Draußen vor dem Haus im Hof
Meine Exfrau fand es doof
Der Nachbar hat auch blöd geschaut
Aber
Meine Freunde sind zu Besuch gekommen
Ich hab' Schlaf in meinem Iglu gewonnen
Und dreißig neue Bücher bekommen
Endlich habe ich meine Ruhe
In meiner süßen Büchertruhe

(Inspiriert durch A Calendar of Tales - Neil Gaiman)

Der August spricht

Wenn die Blätter auf den Bäumen kochen
Und die Äste nach Asche rochen
Lasse ich mich nicht vertreiben
Den Monat Acht werden sie schreiben
Sie können mein Wetter nicht vermeiden
Ich lass' es mir vom Mensch nicht madig machen
Auch nicht durch tausend Treibhausgassachen
Ich lasse mir mein Dasein nicht versauen
Dem Menschen will ich nie vertrauen
Ich bin doch nicht irgendwer
Dann mach ich's ihnen eben schwer

(Inspiriert durch A Calendar of Tales - Neil Gaiman)

Der Ring

Neulich fiel mir mein Ring ein
Manchmal will es halt nicht sein
Ich habe ihn drei Mal verloren
Jedes Mal wie neugeboren
Er kam zwei Mal zu mir zurück
Ich vermisse es, das gute Stück
Es war der Lieblingsring der Mutter
Jetzt hat sie für Wut gut Futter
Manche Dinge sind dafür gedacht
Dass man durch sie Feuer entfacht

(Inspiriert durch A Calendar of Tales - Neil Gaiman)

Dschinn

Es war mal eine junge Frau
Sie hielt nicht nach dem Ruhm Ausschau
Doch eines Tages kam ein Dschinn
Was wünscht sich diese junge Dame?
Ich schreib's mir sofort auf die Fahne
Sie sagte ihm:
Mein Leben macht auch ohne Dschinn Sinn
Welchen Wunsch soll ich erfüllen Dir
Wünscht Du Dir einen Mann hier?
Nein Danke, ich komme gut zurecht
Wunschlos geht's mir gut; nicht schlecht

(Inspiriert durch A Calendar of Tales - Neil Gaiman)

Arztbriefe

Der Moment, in dem ich Gesundheit wieder finde
Kommt, wenn ich die Briefe zusammen binde
Und sie auf einmal alle zerreiße
Diese in den Ofen schmeiße
Wenn die Briefe im Feuer liegen
Wird der Krebs schon davon fliegen
Ich mache den Ärzten die Arbeit leicht
Mit dem Krebs, der durch das Feuer weicht
Die Flammen werden Krebs verbrennen
Krebs soll weinen, rennen, flennen
Den Krebs werde ich schon auslachen
Das Feuer will ich selbst entfachen

(Inspiriert durch A Calendar of Tales - Neil Gaiman)

Donna

Donna lebte wie in Ekstase
Ein paar Jahre auf der Straße
Sie war 18, wollte Lehrkraft werden
Nun konnte sie auch locker sterben
Die tragisch tiefen Temperaturen
Hinterliessen bei ihr Spuren
Im Winter obdachlos zu sein
Donna ist frei
Es interessiert kein Schwein
Am Tag muss sie schlafen
Nachts muss sie gehen
Ein Rat: Bleib' bloß nicht davor stehen

(Inspiriert durch A Calendar of Tales - Neil Gaiman)

Zu viel

Ich habe schlechte Reime geschrieben
Und bin an vielen Orten geblieben
Habe es manchmal zu weit getrieben
Und ein, zwei Dinge verschwiegen
Mein Körper ist von Schmerz
durchdrungen
Um Worte habe ich gerungen
Und wurde in die Knie gezwungen
Wie viel wird mein Rücken tragen
Welche Dinge wird er wagen
Eine Krankheit wird ihn plagen
Mein Seelenfutter, um zu nagen
Ich würde lügen, würde ich sagen
Das ich schöne Dinge schreibe
Und es niemandem ankreide
Wenn er meine Bücher kennt
Ich bin es, die flüchtig rennt
Zutiefst traurig und geduckt
Denn ich hab's nur abgeguckt